QUE

Le français populaire

FRANÇOISE GADET

ISBN 2 13 044430 X

Dépôt légal — 1re édition : 1992, mars

© Presses Universitaires de France, 1992
108, boulevard Saint-Germain, 75006 Paris

INTRODUCTION

Selon une opinion largement partagée, il existe, à côté de la langue française standard, objet de la plupart des descriptions grammaticales, un « français populaire » ayant ses traits linguistiques propres, une capacité spécifique à organiser la signification, et qui serait parlé par les couches sociales défavorisées.

Décrire le français populaire serait donc tout naturellement dresser un inventaire des formes phonologiques, grammaticales et lexicales utilisées par des locuteurs pouvant être caractérisés comme populaires.

Où le trouve-t-on? Chacun va évoquer le titi parisien, Gabin dans *Touchez pas au grisbi,* certains films de Carné, les romans de Céline...

Mais de quelles formes de langue s'agit-il plus précisément?

C'est par exemple une accentuation faubourienne traînant sur la pénultième, des séquences comme *la fille à ma sœur, mille francs chaque, au cas qu'il a pas compris, les mecs ed la rue...*; mais aussi des phénomènes comme l'absence du *ne* de négation, *il* prononcé [i] devant consonne, des séquences comme *ce qu'on a vraiment besoin, quand c'est qu'il vient?...*

En quoi ces traits, et bien d'autres, constituent-ils un ensemble homogène que l'on pourrait dire populaire?

Chapitre premier

QU'EST-CE QUE
LE FRANÇAIS POPULAIRE ?

Dès qu'il y a communauté linguistique, il y a variation. L'un des axes de celle-ci est d'ordre social, et oppose par exemple le langage du peuple à celui des classes aisées ou cultivées, dont les distinctions vont s'atténuant ou s'accentuant sous diverses influences.

I. — Le passé du français populaire : éléments pour une histoire externe

Alors que de nombreux travaux existent qui présentent l'histoire de la langue française, ce n'est qu'incidemment que sont évoqués les usages non standard dans leurs rapports à la langue commune et à la norme[1], surtout quant ils sont liés aux origines sociales des locuteurs.

1. La langue populaire à côté du français commun. — Le français tel que nous le connaissons de nos jours est le fruit d'un long processus, parallèle à la

---

1. Peu d'auteurs s'efforcent de retracer cette histoire. C'est le cas (mais brièvement) de Dauzat, dans un chapitre de *Où en sont les études de français ?* (1935). On dispose par ailleurs d'études sur les conditions de vie du peuple de Paris au XIXᵉ (comme *Classes laborieuses et classes dangereuses,* de L. Chevalier, 1958), mais elles sont rapides ou même silencieuses sur les questions de langue.

constitution du royaume de France. A partir du xvie siècle, les grammairiens stabilisent et normalisent un idiome en pleine évolution. La distance entre deux usages se creuse alors, car la langue soignée commence à refuser certaines évolutions populaires. Ont donc été fixés des usages en voie d'extinction, et des structures alors en cours de modification ont vu leur évolution bloquée.

Le français s'impose petit à petit à partir du xvie siècle, et commence à être, dans les villes du Nord, partagé par de nombreux locuteurs. Mais encore au début du xviiie, dans l'ensemble de la France et en dehors des villes, le peuple ne parle guère français ; au mieux, il est bilingue (dialecte ou patois, et français), à des degrés divers. Le rapport de Grégoire (1793) établit qu'à l'orée du xixe, la moitié de la nation ne parlait pas le français, ou ne le parlait qu'à peine.

Cependant, certains facteurs, qui entraînent migrations et confrontations de population, font progresser partout l'usage du français. Les uns sont des effets de long terme, et d'autres sont accélérés par la Révolution : la scolarisation en français, le tour de France des compagnons, les travaux saisonniers, l'émigration vers les villes, la constitution d'un réseau routier convergeant vers Paris, puis du chemin de fer, l'industrialisation, l'instauration en 1875 du service militaire pour tous.

Quant au français populaire, son histoire externe se confond avec celle du développement de Paris. Dès le xviie mais surtout à partir du xviiie siècle, un langage populaire urbain commence à se distinguer des patois des environs de Paris. Après la Révolution, il prend toute son ampleur avec l'apparition d'un prolétariat, quand Paris grandit et s'industrialise, avec un cortège de misère et de criminalité à la mesure de l'augmentation anarchique de la population. Dès le milieu du XIXe, la langue populaire, qui s'est nourrie des vocabulaires professionnels et techniques, des patois et des jargons de différentes populations marginales, est bien plus riche, plus abondante et plus imagée qu'elle ne l'était un siècle plus tôt.

Dans les périodes de calme social, le modèle de la bourgeoisie paraît plus attirant et la langue de l'élite influence le français populaire, alors que le contraire se produit dans les périodes agitées. Tant que les zones d'habitat dans la ville sont partagées, les usages linguistiques se rapprochent, mais ils divergent quand s'accentue la division par quartiers (fin du XIXe). Le départ progressif des couches défavorisées vers les banlieues, qui se dessine à partir de la fin du XIXe, ne fera qu'accentuer la division linguistique.

2. L'argot. — De la langue populaire, il faut distinguer l'argot, qui n'est longtemps que la langue des malfaiteurs organisés dans des bandes. Attesté de façon ancienne (XIIIe siècle), le terme « argot » désigne initialement la collectivité des gueux et des mendiants, puis leur langue (leur jargon).

Les grandes dates de la connaissance qu'on en a sont le procès des Coquillards (1445), les ballades en jargon de Villon (1489), *La vie généreuse des Mercelots* (1596), le *Jargon ou langage de l'argot réformé comme il est en usage parmy les bons pauvres* d'Olivier Chéreau, qui connaîtra plusieurs rééditions et inspirera de nombreux ouvrages (1628 pour la première édition), le procès des chauffeurs d'Orgères (1800), et les mémoires de Vidocq (1828), l'ancien bagnard devenu chef de la Sûreté.

L'argot, dont la syntaxe et la prononciation relèvent de la langue populaire, demeure pendant longtemps un lexique autonome, jusqu'à ce que le début du XIXe voie la disparition des grandes bandes isolées : les bandits se mêlant à la vie citadine des bas-fonds, l'argot perd son individualité, et ses éléments se déversent dans la langue populaire qui elle-même l'influence.

3. Le développement de l'intérêt pour le parler populaire. — Jusqu'à la Révolution, les sentiments qu'inspire le peuple (haine, mépris, crainte, indifférence) laissent peu place à un intérêt pour ses pratiques, et la distance est maximale entre langue cultivée et langue populaire. Mais dès le début du XIXᵉ siècle, enquêtes et descriptions font connaître les effroyables conditions d'existence qui sont les siennes. Même son langage commence à être pris en considération, sous diverses influences :

— la Révolution a pour effet de disqualifier le modèle aristocratique, et consacre, au moins en phonétique, le triomphe de traits populaires parisiens (comme la prononciation [wa] de *oi*);
— l'instauration de la langue nationale repose sur le postulat d'une communication égalitaire entre les classes, donc sur l'uniformisation; de « bas-langage », à visée rhétorique, on passe à « langue populaire »;
— la reconnaissance, d'abord surtout symbolique, des classes populaires (en particulier après 1848) se poursuit dans une lente intégration dans le projet républicain. La République s'adresse au peuple, grâce à l'école et au journal, qui construiront une relative unification de la langue et des esprits;
— la généralisation de l'enseignement se poursuit : au moment des lois de Jules Ferry, en 1882-1886, il n'y a plus que 12 % d'illettrés, alors qu'il y en avait 60 % au moment de la Révolution;
— les corporations disparaissent peu à peu, et les nouveaux rapports professionnels supposent des contacts entre éléments sociaux hétérogènes;

— de nouvelles pratiques littéraires s'instaurent, dont on verra le rôle dans la prise en compte de la langue populaire : successivement le romantisme, le réalisme, et le naturalisme, à partir du milieu du XIXe ;
— l'intérêt pour les parlers locaux aboutira, au début du XXe siècle, à la constitution de la dialectologie : un *Atlas linguistique de la France* est établi par Gilliéron entre 1903 et 1910.

C'est donc après la Révolution, et surtout vers le milieu du XIXe siècle, que le paysage social change de façon décisive, et que l'on va réellement pouvoir parler de langue populaire.

II. — Les sources d'une histoire interne du français populaire

1. **Les documents non littéraires.** — Dans toute description de langue ayant peu ou pas de tradition écrite, la recherche des sources constitue un problème. Le français populaire n'échappe pas à cette règle : il est difficile de faire l'histoire d'une langue dont les locuteurs sont socialement dominés.

L'invention du magnétophone étant récente, on ne dispose que de témoignages indirects, passant tous par l'écrit. C'est à travers des anecdotes (ainsi Ménage signalant que le peuple de Paris prononce *boulevert* ce que les « honnêtes gens » disent *boulevard*), des commentaires critiques de formes « vicieuses » *(ne dites pas..., dites plutôt...),* ou la reconstitution depuis les formes actuelles que l'on peut induire, de façon partielle, ce qu'a dû être cette histoire interne.

Qu'il ait existé des usages populaires avant la Révolution, cela est hors de doute, mais seuls nous en conservent quelque témoignage des écrits comme les mystères, le théâtre de la foire, certaines mazarinades, les chansons populaires, ou les rapports de police qui citent les propos des gens arrêtés.

La Révolution ayant pour effet de conduire les provinciaux à s'exprimer en français, le demi-siècle qui la suit voit fleurir des documents qui constituent des sources abondantes, les ouvrages de mise en garde contre les fautes et les provincialismes. Quant aux descriptions des usages linguistiques réels, ils se font attendre : c'est seulement en 1870 que paraît *Le sublime ou le travailleur comme il est en 1870,* de Denis Poulot, qui comporte un aspect d'étude du langage des ouvriers qui inspirera Zola pour *L'Assommoir.*

Les archives de documents personnels authentiques qui se sont trouvés conservés (comme des lettres de soldats[2], quand elles sont en français) constituent pour le moment une source limitée : rares ou indirectes, elles sont aussi éparpillées, et on est loin de les avoir exploitées toutes.

Pour le reste, tout ce qui a été écrit pour être diffusé est objet d'auto-surveillance et d'aménagement : ainsi des pétitions, adresses et cahiers de doléance de la Révolution; ainsi des journaux populaires, qui peuvent être répartis en deux catégories linguistiques : ceux qui sont écrits de façon correcte (comme les journaux ouvriers *La Ruche Populaire* ou *L'Atelier*), et ceux qui visent à reproduire le bas-langage parisien, comme les *Père Duchesne,* puis, au long du XIXe, *La Petite Lune, La Lanterne* ou *Le Père Peinard (« Reflecs hebdomadaires d'un gniaff »),* ou, au XXe, les journaux du Front de la guerre de 14.

La plupart de ces écrits ont d'ailleurs une forme linguistique dont le rapport à la langue populaire mérite d'être souligné. Ainsi, pour le plus connu des *Père Duchesne,* celui de Hébert : s'il comporte bien

---

2. Après l'an II. C'est la source essentielle du corpus de Frei, et celle des ouvrages sur l'argot des tranchées.

quelques traits syntaxiques et phonologiques populaires, ce sont surtout les grossièretés (comme *bougre* et *foutre*) qui émaillent le texte qui sont censées représenter le franc-parler populaire. On est confronté à un paradoxe : les rédacteurs qui veulent « faire peuple » sont en fait des intermédiaires culturels, et ne connaissent pas suffisamment la langue populaire pour produire autre chose que des stéréotypes, et ceux qui appartiennent au peuple cherchent une tribune que ne peut leur procurer qu'une rédaction normée.

Ces documents resteraient donc insuffisants, si l'on ne disposait d'autres sources permettant des recoupements.

2. **Représentation dans la littérature.** — Une source plus abondante est offerte par la littérature. Dès le Moyen Age, on y trouve des représentations des petites gens (dans les mystères), mais le thème populaire reste confiné dans le burlesque ou dans des digressions.

A part quelques exceptions (comme Rabelais), les premières tentatives de représentation de la langue du peuple dans la langue littéraire ont des visées comiques : grossières, conventionnelles et peu fidèles (comme la littérature poissarde de Vadé et Lécluse au XVIIIe, aux effets faciles); un peu moins caricaturales, pour les paysans de Cyrano de Bergerac et de Molière, ou, de façon exceptionnelle, excellentes comme chez Marivaux.

Même quand peu à peu la description des classes populaires devient un thème littéraire, la langue populaire n'est pas immédiatement mobilisée pour le représenter. Ce n'est qu'à partir du milieu du XIXe siècle que paraissent des romans où le peuple des villes est mis en scène : Henry Monnier, Victor Hugo et Eugène Sue seront les premiers à se soucier d'authenticité linguistique; Balzac est moins scrupuleux. Hugo,

Sue et Balzac empruntent à Vidocq, et l'argot fascine les Romantiques[3], pour qui les bas-langages font partie de l'effet de pittoresque et de couleur locale.

Dans le dernier tiers du siècle, à partir du naturalisme, question sociale et peinture du peuple deviennent des thèmes littéraires, avec Emile Zola, puis Léon Frapié, Emile Guillaumin, Louis Pergaud, René Benjamin, Henri Poulaille, Louis Guilloux, Jehan Rictus, Henri Barbusse, Maurice Genevoix, Louis-Ferdinand Céline, Jean Giono, Francis Carco, Raymond Queneau, et les écrivains prolétariens, populistes et réalistes socialistes...

Encore faut-il distinguer les œuvres qui mettent en scène le peuple tout en lui attribuant la langue commune, et celles qui lui donnent la parole selon ses propres usages. Zola dans *L'Assommoir*[4] puis Céline sont parmi les rares à rompre avec la tradition, en faisant intervenir la langue populaire dans les énoncés du narrateur. Petit à petit, la langue populaire devient un style en soi, capable d'évoquer le peuple dans les dialogues. Des exigences de vraisemblance se font jour : il ne suffit plus, pour connoter le peuple, de constituer une collection hétéroclite de mots d'argots, de provincialismes et de tours incorrects.

Quant à l'argot, après François Villon au XVe siècle, c'est Hugo qui l'introduit dans le roman, à partir des *Derniers jours d'un condamné,* paru en 1829. Il est ensuite vulgarisé chez Sue, et sera plus tard

3. En particulier Hugo dans *Les Misérables*. S'il donne, par ses remarques sur la langue, une représentation du peuple comme altérité monstrueuse (« Les mots sont difformes, et empreints d'on ne sait quelle bestialité fantastique », dit-il de l'argot), il semble bien que ce soit pour se concilier le public.
4. Zola s'offusque des critiques qu'on lui adresse « d'avoir eu la curiosité littéraire de ramasser et de couler dans un moule très travaillé la langue du peuple ». Il ajoute : « Ma volonté était de faire un travail purement philologique. »

illustré par Jean Richepin, Aristide Bruant, et les romans policiers (Auguste Le Breton, San Antonio ou Albert Simonin).

Pourtant, ces documents exigent toujours d'être passés au crible, parce que leurs auteurs la plupart du temps ne sont pas issus des couches populaires, et parce qu'ils n'ont pas nécessairement pour objectif un effet linguistique réaliste. Le témoignage sur la langue, transmué par l'écriture romanesque, n'y a pas l'authenticité pour préoccupation première : il s'agit de connoter plus que de représenter, ce qui risque de conduire à un stéréotype.

On ne peut que souligner la fréquente monotonie de la représentation effectuée dans des transcriptions orthographiques approximatives : quelques modifications graphiques pour la phonologie, toujours les mêmes, quelques traits syntaxiques, toujours les mêmes. Mais le plus grave est qu'elles s'imposent à nous : elles nous habituent à une reproduction sommaire des formes populaires, où sont exhibés des phénomènes comme la chute des *ne*, la chute des *e* muets parfois remplacés par des apostrophes, les fautes de liaisons, quelques disparitions de sons, la graphie *y* pour *il*, des interrogations, des relatives, quelques vocables du registre populaire dans les récits ; en fait peu de traits indéfiniment répétés, notés souvent d'une façon fantaisiste par rapport à la réalité orale[5].

Ces notations ne manquent pas de connoter péjorativement les énoncés ainsi transcrits, jusque dans les traits qu'ils partagent avec l'usage standard familier. D'où un effet « folklorisant », toujours négatif ; d'où un certain figement aussi, car on laisse l'impression que le locuteur produit toujours et seulement la forme ainsi notée, sans laisser entrevoir l'instabi-

5. La distance est telle en français entre oral et écrit que toute tentative autre que conventionnelle de restitution écrite de l'oral fait figure de dérision.

lité typique de toute production linguistique, quel qu'en soit le locuteur.

Il n'en reste pas moins remarquable que la littérature ait à ce point historiquement précédé la grammaire dans la prise en compte d'un objet linguistique que les grammairiens, eux, ont longtemps ignoré.

III. — Le français populaire vu par les grammairiens et les lexicographes

La pauvreté des éléments dont nous disposons pour une histoire de la langue populaire est une conséquence de l'absence d'ouvrages en faisant un thème et en proposant une description sans l'assortir d'une condamnation.

Les rares ouvrages qui le décrivent sont les « savonnettes à vilain », qui, après la Révolution, s'attaquent aux écarts par rapport à la norme, aux provincialismes, et aux traits populaires. Il faut donc faire un tri parmi les données ainsi offertes, qui de plus retiennent surtout les aspects lexicaux, plus spectaculaires et plus faciles à isoler[6].

1. **Les dictionnaires, répertoires et glossaires.** — La notation du lexique populaire intervient donc plus tôt que celle de la grammaire. Après les dictionnaires présentés par Oudin (1640), Richelet (1680), Furetière (1690), l'Académie (1694) et Trévoux (1704)[7], qui contiennent quelques précieuses indications, des éléments de description du lexique populaire apparaissent dans les « dictionnaires correctifs », qui visent

6. La tradition d'épingler impropriétés et tours vulgaires se perpétue de nos jours, par exemple dans des rubriques spéciales de journaux, très appréciées des lecteurs.

7. Oudin : *Les Curiosités françaises* ; Richelet : *Dictionnaire français* [...] ; Furetière : *Dictionnaire universel* [...] ; *Dictionnaire de l'Académie française dédié au Roy* ; Trévoux : *Dictionnaire universel français et latin*.

à aider à « désapprendre à mal parler et à mal écrire ». Ceux-ci existent dès le XVIIᵉ siècle, mais ils prolifèrent au début du XIXᵉ, dans le mouvement de fixation de la langue qui suit la Révolution, rendus indispensables par la généralisation de l'usage du français.

Ces dictionnaires des fautes, « cacologies » selon le terme grec, « préservatifs » selon le terme français, prennent le plus souvent la forme normative « Ne dites pas..., dites plutôt... ». Ils pourchassent les incorrections, les impropriétés, même dans la bonne société ou chez les écrivains en renom, les provincialismes (à des fins pédagogiques), les vulgarismes et les termes professionnels spécialisés, sans toujours bien les distinguer.

Les dictionnaires de vulgarismes se répartissent en deux groupes. Les uns plus descriptifs que correctifs, le modèle du genre étant celui de d'Hautel (1808) : *Dictionnaire du bas-langage, ou manières de parler usitées parmi le peuple.* Les autres, les cacologies populaires, offrent des motivations pour préférer une forme à une autre. Un exemple notable en est le *Petit dictionnaire du peuple à l'usage des quatre cinquièmes de la France, contenant un aperçu comique et critique des trivialités, balourdises, mots tronqués et expressions vicieuses des gens de Paris et des provinces,* de Desgranges (1820). Ils seront bientôt relayés par des dictionnaires de l'argot, dès que celui-ci se diffuse et se fond dans le français populaire.

Le succès de ces productions ne se démentira jamais, renouvelé au rythme de l'évolution du lexique populaire et de l'argot, de Vidocq à nos jours[8].

---

8. Voici quelques titres : *Dictionnaire de la langue verte,* de A. Delvau (1866), qui servit à Zola pour *L'Assommoir, Dictionnaire historique de l'argot parisien,* de L. Larchey (1872), *L'argot du XXᵉ siècle. Dictionnaire français-argot,* de A. Bruant (1901), *Dictionnaire des argots,* de G. Esnaut

2. Les grammaires.

— Le peu de valeur sociale attribué à la langue populaire entraîne une quasi-absence de descriptions de la part des grammairiens, jusque vers la fin du XIXᵉ siècle. Auparavant, on ne trouve que quelques remarques dans des ouvrages décrivant la langue correcte, par exemple chez Vaugelas (1647), Ménage (1675) ou Hindret (1687)[9]. Le premier ouvrage de grammaire passant d'une caractérisation locale à une caractérisation socio-culturelle est celui de Charles Nisard (1872) : *Etude sur le langage populaire ou patois de Paris et de sa banlieue.*

La date de 1872 présente l'intérêt de correspondre à un événement historique : aussi l'ouvrage n'est-il pas exempt d'un esprit polémique que l'on peut soupçonner d'être une réplique à la Commune et à la haine du populaire qu'elle a pu réveiller chez quelques-uns. Le travail est décevant par rapport au titre : à partir de données d'un écrit littéraire déjà ancien, la littérature poissarde de la fin du XVIIIᵉ siècle, ce n'est qu'un recueil de traits, surtout phonétiques, qui font diverger le « patois de Paris » du français d'une catégorie sociale qui n'est jamais définie explicitement, mais à laquelle il est reconnu la disposition du bon usage.

Ce n'est que cinquante ans plus tard que paraît l'ouvrage de Henri Bauche, *Le langage populaire* (1920), le premier à tenter de décrire l'ensemble d'un usage non normé, bien qu'il en manque l'aspect de système organique. Il est suivi par *La Grammaire des fautes* du Suisse Henri Frei (1929), dont l'objectif

---

(1966), *Le Petit Simonin illustré par l'exemple,* de A. Simonin (1968), *Argotez, argotez, il en restera toujours quelque chose,* de A. Le Breton (1986)... A quoi il faut ajouter *L'argot ancien* (1907) et *Les sources de l'argot ancien* (1912), de L. Sainéan. Sans parler de nombreux ouvrages plus commerciaux.

9. Vaugelas : *Remarques sur la langue française,* Ménage : *Observations sur la langue française* ; Hindret : *L'Art de bien prononcer et de bien parler la langue française.*

est l'étude du « français avancé », appellation qui couvre les provincialismes, les fautes, la langue familière et la langue populaire.

Bauche, qui n'est pas grammairien[10], conserve ses distances vis-à-vis de formes qu'il juge vulgaires et dégradées. Au contraire, Frei, en vrai linguiste structuraliste, s'éloigne délibérément de l'explication par le pathologique; il s'efforce d'étudier la logique fonctionnelle des « besoins fondamentaux » de l'esprit humain, et de comprendre comment le français avancé, reconnu par tous et avant tout par ses locuteurs comme socialement dévalué, a non seulement perduré historiquement, mais souvent précédé l'évolution générale. Aussi aborde-t-il la faute comme une tentative de réparation des aberrations et des déficits de la langue normée.

On signalera enfin le plus récent Guiraud (1965), *Le français populaire,* qui offre une nouvelle présentation d'ensemble, dans un esprit descriptif proche de celui qui anime Frei.

Un bilan bien pauvre, donc, à corriger toutefois par l'existence d'études sur l'argot qui évoquent l'ensemble de la langue populaire[11], et de travaux qui traitent du rôle que l'usage populaire a joué dans l'évolution du français en présentant des remarques, malheureusement pas toujours systématiques, en des points où seule la référence aux usages non normés éclaire le fonctionnement de l'ensemble du système : Brunot, Bally, Damourette et Pichon, Cohen, Darmesteter, Vendryès, Martinon, Dauzat, Nyrop, von Wartburg et Zumthor[12]...

---

10. Il est à l'époque auteur à succès de pièces de Grand-Guignol.

11. Essentiellement : L. Sainéan, *Le langage parisien au XIXᵉ siècle* (1920); A. Dauzat, *Les argots, évolution, influence* (1929); G. Gougenheim, *La langue populaire dans le premier quart du XIXᵉ siècle* (1928).

12. F. Brunot, *Histoire de la langue française* (1905-1943); C. Bally, *Traité de stylistique française* (1909); J. Damourette et E. Pichon, *Des mots à la pensée* (1911-1940); A. Darmesteter, *Création des mots nouveaux*

3. Les traités de prononciation. — Les descriptions dont on dispose sur ce plan sont inexistantes ou inadéquates, encore plus que pour les grammaires. Il n'y a pas lieu d'en être surpris quant on sait que ce n'est pas avant le XVIIIᵉ siècle que l'on a su reconnaître la prononciation réelle du français normé, dans sa distance à l'écrit. La description du français non normé ne pouvait venir que plus tard. A titre historique, on évoquera Danjeau (1693-1702), puis, pour le XIXᵉ, le traité de Thurot (1881); la plupart des grammairiens du XXᵉ siècle que nous avons cités consacrent une partie de leur travail à la prononciation, et Martinon un ouvrage entier, avant sa grammaire[13].

IV. — Le français populaire comme réalité de sens commun

Mais d'où vient que tout locuteur croie savoir ce qu'est le français populaire et puisse en fournir des exemples?

1. Exemples de jugements sur les domaines linguistiques. — Les jugements portés sur l'expression dite populaire ne sont jamais neutres, mais le stéréotype qui l'emporte est négatif, à côté de quelques exceptions qui, de façon tout aussi stéréotypée, valorisent l'authenticité et le naturel d'un diamant mal dégrossi, le parler piquant, l'humour, le bon sens. Voici quelques exemples de jugements négatifs dans différents domaines.

(1877); J. Vendryès, *Le Langage* (1920); P. Martinon, *Comment on parle en français* (1927); K. Nyrop, *Grammaire historique de la langue française* (1913-1924); W. von Wartburg et P. Zumthor, *Précis de syntaxe du français contemporain* (1947); M. Cohen et A. Dauzat, *passim*.

13. Danjeau, *Première lettre d'un académicien à un autre sur le sujet des voyelles* [...]; Thurot, *De la prononciation française depuis le XVIᵉ siècle d'après le témoignage des grammairiens*; P. Martinon, *Comment on prononce le français* (1913).

De la syntaxe, on dit qu'elle est entachée de lourdeur, qu'elle manque de beauté, de logique, de richesse, de recherche et de complexité, qu'elle s'encombre de redondances…, ensemble de termes qui :

— soit n'ont pas de réelle signification linguistique, comme le qualificatif de « logique » : en quoi serait-il logique d'éviter de dire *je vais au docteur,* puisque la règle du français n'implique pas par ailleurs deux prépositions différentes selon le caractère animé ou inanimé d'un nom?

— soit mettent en jeu un jugement, comme lorsque l'on parle de redondance pour *mon père, il vient* : une même cohabitation d'un sujet nominal et d'un sujet pronominal est valorisée dans les formes soutenues de l'interrogation complexe *Pierre vient-il?* — on ne parle alors pas de redondance —, et dévalorisée dans le détachement familier;

— soit ne sélectionnent que certains faits, comme dans la dénomination de complexité : à supposer que l'on sache la mesurer, qu'y aurait-il de plus complexe qu'une interrogation comme *quand c'est que c'est qu'il a dit ça?*

— soit n'ont d'autre portée qu'idéologique : peut-on dire d'un tour de langue qu'il est « vulgaire » ou « dégradé », sinon en visant son utilisation par des gens que l'on juge vulgaires?

Pour la prononciation, les différences constatées sont généralement attribuées à la paresse articulatoire et au moindre effort, à quoi l'on ramène les suppressions de sons et le relâchement de la tension. Ainsi chez Guiraud, habituellement moins porté à condamner : « le relâchement d'une langue normalement très tendue comme le français, donne l'impression d'un avachissement non seulement du discours, mais du parleur » (p. 112). Or, c'est selon ces mêmes tendances que les langues évoluent et que l'on est passé du latin au français.

Quant au lexique, il fait aussi l'objet de jugements où l'idéologie l'emporte. Ici c'est la pauvreté, la monotonie et la trivialité qui sont soulignées, sans réelle démonstration : les deux premiers caractères exigeraient des statistiques difficiles à établir, et le troisième est encore une catégorie idéologique. Le seul trait positif accordé est l'expressivité, mais comme spontanéité et naïveté.

2. Le français populaire pris comme miettes de langue.

— L'attribution de l'étiquette populaire est prise dans une conception dichotomique du monde social : haut et bas, complexe (recherché) et simple, subtil et naïf, tendu et relâché, fin et grossier, distingué et vulgaire, rare et commun, (sou)tenu et veule... Termes qui s'appliquent autant à la place du locuteur dans la société, à sa tenue de corps (son hexis corporelle, selon le terme de Bourdieu), qu'à la langue qu'il parle[14], dichotomies où se lit la thématique traditionnelle d'opposition entre nature et culture. Le français populaire est du côté déprécié, celui de la nature.

Les jugements produits sur la langue populaire ne peuvent donc être séparés d'un jugement social sur ses locuteurs. Il y a d'ailleurs un rapport entre les qualités que l'on prête au peuple (grossier, mais authentique), et les traits que l'on attribue à sa langue (sans raffinement, mais drue et naturelle). Le plus étonnant étant que les locuteurs, quel que soit leur propre usage, tendent à partager ces jugements.

14. Si la problématique de l'hexis corporelle s'applique bien au plan de la prononciation, qui met en jeu une dimension purement physique, il n'en va pas de même aux autres niveaux. Quand Nisard (1872) écrit : « La cause en est l'organe vocal du peuple de Paris, tout à tour empâté et élastique, brusque et traînard, fin et grossier », il ne s'agit guère d'un jugement linguistique.

Le français populaire n'est pas reconnu comme pouvant faire système en soi, ce qu'on ne dénie qu'à des formes de langue méprisées pour des raisons autres que linguistiques (dialectes, patois, créoles, langues des sociétés « primitives »). On le considère comme une pratique minimale et déficitaire. D'où des caractérisations en handicap, limitation, exclusion, privation, absence de choix, exprimées dans des jugements qui prennent la forme de « moins de... », « plus de... », « trop de... », et dans des adjectifs à préfixe privatif (incorrect, incomplet, illogique...)[15]. Etant conçu comme l'inconséquence et le dérèglement mêmes, il peut à la rigueur donner lieu à des listes, non à un système grammatical : c'est pourquoi l'élaboration de dictionnaires a précédé historiquement celle de grammaires.

Les grammairiens, qui sont aussi des locuteurs, ne sont pas à l'abri de ces préjugés. Le fait que la langue populaire échappe au normatif a conduit certains à avancer qu'elle n'était pas, comme l'est la langue cultivée, soumise à des règles qui la disciplinent. Pourtant, si l'on doit entendre « règle », conformément au sens de la linguistique moderne, comme tendance structurelle décrivant la place des éléments dans un système, le français populaire obéit bien à des règles.

Ces jugements à l'emporte-pièce tracent une représentation dans laquelle le sens commun introduit des coupures dans ce qui se présente comme un continuum.

3. Ce que le français populaire n'est pas. — « Populaire » s'oppose à plusieurs termes avec les-

---

15. Une exception digne d'être notée, quoiqu'elle ne provienne pas du champ francophone, est le travail de l'Américain William Labov, qui établit l'autonomie symbolique partielle de la culture de rue. Il donne à voir une structure là où l'ethnocentrisme ne perçoit que reliefs incohérents d'une maîtrise sporadique du système.

quels on tend parfois à le confondre : parlé, familier, régional, et fautif.

On confond souvent langue populaire et langue parlée[16]. Or, s'il est le plus souvent oral pour des raisons de pratique sociale des locuteurs, le français populaire peut aussi s'écrire; inversement, la langue que parlent la plupart des locuteurs n'a rien de spécifiquement populaire. Une séquence orale spontanée, quel qu'en soit le locuteur, ne se présente jamais sans « scories » (répétitions, hésitations, corrections, amorces avortées, interruptions...), que la plupart des grammairiens traitent comme fautives, alors qu'elles peuvent jouer un rôle dans l'élaboration de la séquence et la constitution du sens. Mais elles ne sont pas spécifiques aux usages populaires.

Cette confusion entre populaire et parlé en dissimule deux autres : avec familier, et avec fautif. On confond souvent langue populaire et niveau de langue familier, en une caractérisation situationnelle fonction du contexte, de l'interlocuteur et du sujet traité. « Familier » s'oppose ici à des termes comme « courant », « standard », « recherché », « soigné », « soutenu », « surveillé », « châtié », « relâché », « correct », parmi lesquels il faut distinguer entre ceux qui se situent par rapport à la norme, et ceux qui n'expriment que l'absence de marquage. Quant à « standard », c'est une idéalisation : il n'y a pas de locuteur du français standard.

Cette confusion entre populaire et familier induit le soupçon que les locuteurs populaires ne seraient pas capables de variation. Pourtant, il n'y a pas de locuteur uni-style, et un locuteur du français populaire, comme tout locuteur, a accès à différents registres. Si des grammairiens qui pourtant s'intéressaient

16. Au point que les auteurs d'un fort bon ouvrage peuvent l'intituler *Dictionnaire du français parlé* pour désigner les expressions familières ou populaires... recueillies dans l'écrit (C. Bernet et P. Rézeau, 1989).

à la langue populaire ont pu faire cette confusion, c'est que, n'en étant pas locuteurs natifs, ils ont été peu sensibles à ses différences stylistiques qu'ils ont embrassées dans la même marginalisation. Pour les besoins de la charge, on n'a décrit que le populaire le plus familier, alors qu'il existe aussi du populaire tendant vers le soutenu (en situation de tension sociale, ou à l'écrit). La classification des grammaires confond niveau stylistique et niveau social, et, d'une grammaire à l'autre, les mêmes formes sont taxées de populaires, familières, relâchées ou vulgaires, ces termes pouvant de plus être modifiés par un « très ».

On confond encore parfois le français populaire avec des variantes régionales du français. Bien qu'il existe des usages populaires marseillais, strasbourgeois, belges, québécois, africains... (du moins de grandes villes de ces pays), avec des traits spécifiques, c'est à la version parisienne que l'on pense par la dénomination de français populaire, pour des raisons historiques évidentes. C'est d'ailleurs le populaire parisien que nous viserons dans cet ouvrage, en parallèle avec le fait que standard ou standardisé s'entendent : langue non marquée régionalement autrement que de Paris.

Il arrive enfin que l'on confonde le français populaire avec une accumulation de fautes. Certes, il s'oppose au français courant ou normé, mais tout écart n'est pas *ipso facto* « populaire », et populaire n'équivaut pas à aléatoire, fautif, non systématique. La « faute », divergence ponctuelle et individuelle, ou socialement distribuée et finissant par s'imposer dans l'évolution, peut mieux se comprendre en liaison avec les particularités du système. Un type de fautes a à voir avec le social : une hypercorrection peut intervenir lorsqu'un usage dominé se trouble au contact de l'usage dominant, par exemple en présence d'un observateur au statut social supérieur, ou à l'écrit. C'est une tendance à utiliser en situation surveillée des formes considérées par le locuteur comme valorisantes, mais qu'il ne maîtrise qu'imparfaitement, avec le risque de faute.

Si la notion de langue populaire est si difficile à isoler de ces quatre notions qui devraient la limiter, c'est qu'il n'y a d'opposition radicale que dans les dénominations. Les usages divergent plus ou moins de la norme, et on les qualifie de populaires quand les conditions sociologiques s'y prêtent.

Est-ce à dire que l'objet « français populaire » n'existe que dans l'histoire ou dans l'imaginaire, aucunement dans la réalité? Pas tout à fait non plus.

V. — Vers une définition

On peut envisager deux modes de définition du français populaire : par une caractérisation de ses locuteurs (définition sociologique), ou par une liste de ses traits linguistiques (définition linguistique). Linguistique ou sociologique, aucune définition ne se montrera satisfaisante.

1. **Plan sociologique.** — Qui sont les locuteurs de la langue populaire? Suffit-il de dire comme le fait le *Petit Robert* qu'il s'agit d'un langage « qui est créé, employé par le peuple et n'est guère en usage dans la bourgeoisie et parmi les gens cultivés »?

Les réponses à cette question, apportées aussi bien par les locuteurs que par les grammairiens, se caractérisent par leur imprécision : les gens sans éducation, sans culture, les gens du peuple, le bas-peuple, le menu peuple, la populace, le populo, la plèbe, le vulgaire... ou, en des caractérisations spatiales, les gens des bas-fonds, des faubourgs, de la rue, du ruisseau, et, plus récemment, des banlieues.

Il nous semble intéressant de nous arrêter à cet

aspect de perception et de catégorisation sociale. Les locuteurs d'une communauté manifestent une capacité spontanée à classer. De même qu'ils évaluent le physique, les vêtements, la tenue, la voix, les goûts de leurs congénères, ils hiérarchisent les productions linguistiques, par exemple en attribuant à un locuteur le jugement de populaire. Ils produisent aussi des rationalisations sur cette perception (paresse articulatoire, simplicité syntaxique, pauvreté lexicale, monotonie, maladresse...); on a vu ce qu'elles recèlent d'imaginaire.

C'est à un sociologue qu'il pouvait revenir de s'interroger sur la notion de populaire[17], prise pour argent comptant par les grammairiens. Bourdieu (par exemple, 1983) a souligné son caractère « relationnel » quand elle est utilisée dans les expressions comme culture, art, littérature, musique ou médecine populaire. Et langue populaire.

Bien que « populaire » y oscille entre « établi *par* le peuple » et « *pour* le peuple », et même éventuellement « *à propos* du peuple », elles sont toutes relationnelles, définies par rapport à ce qui ne saurait relever de cette épithète, dont d'ailleurs il est parlé sans spécification : la culture (la vraie), la littérature (la grande), la médecine (la scientifique), la langue (la normée)... C'est par opposition que la catégorie qualifiée de populaire se teinte de naïveté ou de simplicité. Relationnelles : telles sont les dichotomies sociales, politiques, culturelles et économiques, que l'on trouve dans des gloses de « populaire »: privilégié/défavorisé, bourgeois/populaire, supérieur/inférieur, aisé/laborieux, légitime/illégitime, dominant/dominé...

17. Bien que « populaire » dérive de « peuple », on doit les distinguer. Peuple a deux significations : la totalité (nation), ou une partie de cette totalité (ouvriers, paysans). Mais « populaire » ne manifeste la plupart du temps que la seconde signification. Il est donc préférable de conserver « peuple » pour le vocabulaire politique.

Une définition sociologique se fait par un faisceau de traits variables : profession, niveau d'études, habitat, revenus... Les locuteurs du français populaire seront définis comme les individus caractérisables comme : profession ouvrière ou assimilée, niveau d'études réduit, habitat urbain, salaire peu élevé, niveau de responsabilités dominé...

2. **Plan linguistique.** — Au-delà de la reconnaissance d'un « stéréotype » du français populaire qu'il partage avec tous les locuteurs de sa communauté, le linguiste court le risque, en épinglant des traits comme populaires, de fabriquer un artefact par concentration. En n'exposant pas l'ensemble des phénomènes que le français populaire partage avec la langue standard, ou en donnant comme typiques de celui-ci des traits qu'il a en commun avec la langue familière et même courante, on folklorise les écarts en des trouvailles lexicales ou des joyaux syntaxiques, et on perd toute dimension statistique. C'est le risque que courent les grammairiens qui n'évoquent le français populaire qu'au détour d'une description ayant pour objet le français standard.

Le linguiste doit donc naviguer entre ce que le stéréotype, appuyé sur du réel, révèle d'une configuration linguistique, et ce qu'il en outre, pour des raisons plus idéologiques que scientifiques.

En fait, les traits dits populaires obéissent à deux types de fonctionnement, ce qui permet de comprendre qu'il y ait intercompréhension entre tous les locuteurs de la communauté :

— les formes communes à la variation stylistique et à la variation sociale, comme le *ne* de négation : il n'y a pas des locuteurs qui l'utilisent toujours et d'autres jamais, mais un continuum de plus ou moins selon les locuteurs, les situations et les types de discours ;

— les formes spécifiques à un usage social, comme *le livre à ma sœur* ou *quand que c'est qu'il le fera*. Elles sont peu nombreuses, et on ne saurait affirmer que le locuteur qui les utilise n'emploie jamais qu'elles.

L'effet populaire du français populaire provient certes de quelques traits spécifiques, mais surtout de l'accumulation de traits stigmatisants, du franchissement d'un seuil en deçà duquel ceux-ci ne sont pas perçus : devant une variation continue, l'auditeur réagit de façon discrète.

Mais en quoi ces traits constituent-ils un ensemble qui mérite d'être dit « français populaire », puisque la plupart d'entre eux sont susceptibles d'être utilisés, dans des conditions familières ou relâchées, par des locuteurs qui ne sauraient être qualifiés de populaires ? Ainsi en est-il de la variation qui affecte toute langue : une même variable peut être investie dans différentes échelles de variation (sociale, stylistique, inhérente), avec des significations différentes, mais une même polarisation et une même orientation.

Concluons donc que le français populaire est pour l'essentiel un usage non standard stigmatisé, que le regard social affuble de l'étiquette de populaire : tout ce qui est familier est susceptible d'être taxé de populaire si le locuteur s'y prête, et seuls certains traits populaires sont étrangers à l'usage familier non populaire.

Conclusion

La dénomination de français populaire est très peu satisfaisante, et nous ne la conservons que parce qu'elle revêt une certaine réalité pour les membres de la communauté. Notre intention est de décrire l'usage dit « français populaire » comme un ensemble, et non de n'épingler que quelques formes ou phénomènes. Il s'agit donc, d'une certaine façon, d'en présenter une grammaire. Non une méthode (« Parlez-vous français populaire? »), mais une grammaire aussi complète que possible[18], qui cherche à saisir comment des formes spécifiques en viennent à s'organiser en une certaine construction organique de langue. Nous essaierons donc, plutôt que de fournir des listes, de comprendre comment quelque chose désigné comme français populaire fait système, et de montrer où et en liaison avec quels facteurs linguistiques, cela diverge du français standard.

18. Un gros problème provient de sa variabilité. Décrire la norme, c'est en effet montrer un idéal dont on n'a pas à se demander s'il est atteint par quelque locuteur. Mais décrire le français populaire, c'est décrire des productions effectives de locuteurs effectifs, se confronter à l'instabilité intrinsèque des productions.

CHAPITRE II

LA PRONONCIATION
DU FRANÇAIS POPULAIRE

Nous commencerons par le plan de la prononciation, le plus révélateur. Après quelques instants d'écoute, et avant l'apparition de traits syntaxiques ou lexicaux caractéristiques, la seule prononciation aura déjà permis de reconnaître un accent populaire. C'est là une conséquence du nombre limité de traits phonologiques, comparé à celui des phénomènes syntaxiques ou des termes du lexique : la récurrence des traits déclassants est très supérieure à ce qui se manifeste aux autres niveaux.

Peut-on établir quelques tendances de cette prononciation? La caractéristique la plus fréquemment soulignée est le relâchement de l'articulation, d'autant plus stigmatisante que le français standard possède une articulation tendue et nette. La conséquence est un affaiblissement des sons, rendus plus vulnérables. On l'interprète généralement comme une tendance au « moindre effort », en un jugement dépréciatif englobant l'affaiblissement des voyelles et des consonnes, les modulations de la courbe intonative, la caducité de l'*e* muet, la réduction des groupes consonantiques, les assimilations...

Il faut distinguer parmi ces indices caractéristiques, qui n'ont pas tous le même potentiel de classification : certains sont partagés avec l'usage familier (comme la prononciation [i] de *il* devant consonne), d'autres sont spécialement déclassants, comme la postériorisation de l'articulation, par exemple pour le *r*.

Pour la commodité de l'exposé, nous décrirons la prononciation populaire en la contrastant avec la prononciation courante, malgré le risque d'artefact. La prononciation populaire sera évaluée en rapport avec les tendances caractéristiques du français : 1) soumission au schéma canonique consonne-voyelle (cvcv) et à une syllabation ouverte; 2) tension articulatoire; 3) avancée du point d'articulation; 4) relative égalité rythmique et 5) accentuation sur la dernière syllabe d'un groupe rythmique[1].

I. — La prosodie

C'est avant tout grâce aux facteurs suprasegmentaux que la séquence populaire est caractérisable comme telle. En effet, en français standard, plus le style est surveillé et articulé syntaxiquement, moins est développé le rôle linguistique de l'intonation. Il en va inversement des usages familier et populaire, où, le discours étant moins articulé grammaticalement, il repose de façon cruciale sur les phénomènes intonatifs.

Le français standard est caractérisé par une intonation plate et monotone, une accentuation frappant la dernière syllabe du groupe de souffle, et un rythme régulier mettant en jeu des syllabes de longueur comparable. Le français populaire offre des effets plus contrastés, rapportés généralement à « l'expressivité ».

1. **L'accent.** — Il se manifeste avec une force expiratoire importante, et s'accompagne d'un allongement

---

1. La notion de mot, opératoire à l'écrit, se fond à l'oral dans le groupe accentuel, avec des conséquences sur la description de certains phénomènes phonétiques.

de la voyelle, procurant ainsi l'impression d'une intonation traînante. Il ne frappe pas la dernière syllabe, mais renforce et allonge l'avant-dernière, dite pénultième ([prãdəl'me:tro]).

Par ailleurs, il existe, comme en français commun mais particulièrement développé, un accent d'insistance affectif ou expressif (avec renforcement et élévation de ton), frappant la première des syllabes du mot commençant par une consonne. Cet accent s'accompagne soit d'un allongement vocalique : *c'est im'po::ssible, a'llons:: donc...,* soit, pour les consonnes, d'un allongement *('s:ans blague)* ou d'une gémination *(il est toujours à m'e'mmerder),* qui se prolonge souvent d'un allongement vocalique : [ãmmɛ:rde].

Ces accents jouent un rôle important, par exemple dans les possibilités de contraction : ainsi *justement* pourra être écrasé phonétiquement et prononcé [ʃtəmã] quand il a le sens de « précisément », sans accent d'insistance, mais ne pourra pas l'être au sens « de manière juste », avec accent initial.

2. **Le rythme et l'intonation.** — L'intonation exploite davantage l'ensemble de la gamme : la courbe monte plus haut dans l'aigu, et descend plus bas dans le grave. Le passage d'un niveau à un autre peut se faire de façon plus brutale.

Le rythme est généralement caractérisé par sa rapidité, et par la brièveté de séquences hâchées, accompagnées souvent d'une sorte de ponctuation interne ou finale procurée par des éléments que nous appellerons « appuis du discours ». L'accentuation pénultième entraîne souvent une sorte de rythme binaire, où alternent une syllabe brève inaccentuée et une syllabe longue et traînante, portant l'accent. Le rythme binaire, et l'ordonnancement des groupes en fonction de leurs longueurs progressives, donne aux

séquences détachées une découpe bien particulière :
moi/je sais/mon père/il aime pas ça.

3. Les appuis du discours. — Ces éléments, spécifiquement parlés, peuvent être omis sans que le sens change, dans la mesure où ils ne jouent pas de rôle dans la structure. Ils sont du même coup inaccentués, et connaissent souvent des écrasements phonétiques. Ils apportent une sorte de ponctuation au discours, et on les nomme aussi ponctuants : *bon ben m'enfin/y a tout de même un problème/quoi.*

Ils se présentent soit en début de séquence *(eh bien, eh ben, bon, alors, donc, vous savez, tu vois, écoute, moi/je vois, oui mais, non mais...)*, soit en finale *(quoi, vous savez, hein, voilà, bon, tel que, pi tout, et tout, et tout ça...)*, soit encore ils sont insérés en position d'articulation. En ce cas, ils peuvent être purement démarcatifs, rôle où ils sont comparables aux pauses et aux ruptures d'intonation *(je crois, à ce qu'il paraît, bien sûr, si tu veux, tu sais, tu vois, tu comprends, voyez, allez, tenez, là, voilà autre chose* prononcé [vlaotʃoz]...), ou bien marqueurs d'hésitation *(je sais pas, enfin, mais enfin, bon, ben, bon ben ...)*. Ces derniers sont généralement hors structure.

Enfin, les récits permettent encore d'autres appuis : *y a des filles/je me rappelle/elles disaient...* et les dialogues sont fréquemment introduits par *alors : alors il me dit..., alors je lui fais..., alors qu'il me dit...*

II. — La prononciation des sons : consonnes et voyelles

Pour l'essentiel, les systèmes vocalique et consonantique de l'usage parisien sont aussi ceux du français populaire. On peut néanmoins ajouter quelques remarques.

Le français populaire met en œuvre la forme réduite du système phonique parisien : disparition de l'opposition entre les couples de voyelles intermédiaires ([e] et [ɛ], [ø] et [œ], [o] et [ɔ]), qui ne font que répondre à une position, absence d'opposition entre [ɛ̃] et [œ̃], prononciation [nj] au lieu de [ɲ], qui tombe en désuétude.

Il est difficile de systématiser les tendances, mais on comprend que l'on ait pu être tenté de les regrouper sous la notion de « tendance au moindre effort » : les oppositions sont affaiblies et on évite les positions extrêmes (par exemple, en position inaccentuée, [u] tend vers [o], surtout devant [r] : [ʒornal], ou même [ʒɔrnal], à cause de la position en syllabe fermée, pour *journal*).

1. **Les voyelles.** — C'est là que l'on trouve le plus de divergences par rapport au système standard. Outre ce qui a déjà été dit, on remarquera :

— les voyelles orales accentuées d'arrière connaissent une tendance à l'avancée, surtout devant [r] ([alœr] pour *alors*). C'est ainsi que l'on peut comprendre des graphies fautives, comme *petit rond* pour *potiron* chez un marchand de légumes, et *Beaujelais* écrit à la vitrine d'un bar. Une exception est constituée par le [ɑ] postérieur qui est vélarisé, et peut tendre vers le [ɔ] ([kɔse] pour *casser*), ou même vers le [o] ([ʃpo] pour *je sais pas*);
— le *a* antérieur tend vers [ɛ], surtout devant [r], d'autant plus que la classe sociale est plus basse : [mɔ̃mɛrt] pour *Montmartre*. Le maintien de l'opposition entre [a] et [ɑ] distingue la prononciation populaire des autres prononciations parisiennes, en conservant une distinction devenue archaïque;
— [ɛ] tend vers [a] en syllabe fermée, comme dans [parsɔnɛl];

— il y a une tendance à la centralisation et à l'élision des voyelles qui ne portent pas l'accent, signe que le mode tendu est atténué;

— le [ɛ] se ferme en finale en syllabe ouverte ([pwaɲe] pour *poignet*). D'où une homophonie entre les premières personnes du singulier du futur et du conditionnel. Seule se maintient la distinction entre imparfait et infinitif pour les verbes du premier groupe;

— [e] et [o] en position d'hiatus tendent à se fermer, jusqu'à la semi-voyelle : [pwɛt] pour *poète,* et [fɛɲɑ̃] pour *fainéant,* avec passage de [e] à [j] qui entraîne une palatalisation du [n] en [ɲ], au point que le mot finit par pouvoir s'écrire *feignant*[2];

— les voyelles nasales tendent à reculer et à s'assombrir : [ɛ̃] tend vers [ɑ̃], et [ɑ̃] vers [ɔ̃] ([ɔ̃fɔ̃] pour *enfant*).

2. **Les consonnes.** — Le système est depuis longtemps plus stabilisé que celui des voyelles :

— toutes les consonnes connaissent un relâchement articulatoire qui peut aller jusqu'à la disparition, surtout en position intervocalique et implosive ([maam], [dɔmwa] pour *madame, donne-moi*...). Le [v] tombe facilement, surtout devant [w] ([awar], [sjuple]...);

— les dentales et les vélaires tendent à la palatalisation. Notons aussi l'apparition, quand elles sont suivies de voyelles antérieures, de consonnes palatales que le système standard ignore. Faute de pouvoir les nommer en termes connus, on les a confondues avec les deux séries les plus proches, dentales et vélaires. Ce que les transcriptions traduisent approximativement, en notant [t] à la place

---

2. Lexicalisé au point de donner naissance au composé *feignasse* et au redoublement *gnangnan*.

de [k] *(la concierge est au cintième),* [k] à la place
de [t] *(méquier),* ou [g] pour [d] *(bon guieu)*;
— certaines consonnes, surtout les vélaires, sont plo-
sives dans les positions d'attaque : [khə:dal] pour
que dalle, spécialement quand l'accent frappe la
première syllabe;
— alors que [ɲ] tend en français standard à avancer
et à se prononcer [nj], on a des attestations orthographiques d'une prononciation ancienne [ɲ] de
[nj] : *magnière* (Bruant);
— le *r* se prononce d'une façon très postérieure et
sans vibration, un peu raclante, que les phonéti-
ciens qualifient de désagréable;
— [lj] se simplifie en [j] ([suje] pour *soulier*);
— les consonnes sonores précédées par une voyelle
nasale se nasalisent légèrement.

Enfin, les consonnes finales de monosyllabes sont
affectées d'une double tendance. Il arrive qu'on les
prononce alors qu'elles sont muettes en français standard : [øs], [søs], [alɔrs], [leʒɑ̃s], [mwɛ̃s], pour *eux,
ceux, alors, les gens, moins,* ainsi que dans les pluriels de *œuf, os* et *bœuf*; ce phénomène est d'ailleurs en cours de généralisation, même dans le français standard (*cinq francs, neuf cents,* mais aussi *frêt,
persil*...), et on peut le comprendre comme un orthographisme. Mais il arrive aussi que des consonnes
qui devraient être prononcées ne le soient pas *(cassi(s),
autobu(s) ...).* Il s'agit cependant là d'un archaïsme,
alors que la tendance à toujours prononcer constitue
au contraire l'évolution en cours (renforcement des
monosyllabes).

III. — Le *e* muet[3]

On appelle « *e* muet » (ou caduc) une voyelle centrale dont la prononciation est proche du [ø] ou du [œ], et qui a la particularité de pouvoir être omise dans certaines positions. C'est la voyelle minimale du français, à la fois celle vers laquelle tendent les autres en prononciation affaiblie, et le son de remplissage produit sur une hésitation. Le *e* muet est le lieu d'une forte variation régionale. Aussi ne parlerons-nous que de la prononciation parisienne.

Il faut distinguer trois cas : l'élision proprement dite (*l'avion* au lieu de *le avion), la chute du *e* en finale de mot ou de groupe, et le cas général. Pour les deux premiers cas, le français populaire se comporte comme le français standard : la chute est obligatoire.

Quant au cas général, il peut être résumé de la façon suivante : s'il est suivi d'une consonne ou plus, le *e* intérieur tombe généralement s'il est précédé d'une seule consonne *(samedi),* et se maintient s'il est précédé de deux consonnes ou plus *(maigrelet).* Il peut par contre être conservé en première syllabe de mot après une seule consonne (*on redonne* ou *on r(e)donne*).

Le *e* muet permet donc d'éviter la formation de groupes consonantiques chargés, qui sont mal acceptés. Mais dans cette fonction, il est souvent facultatif, et c'est là que se glisse une variation sociolinguistique : plus la situation est familière, et plus le locuteur est situé bas dans l'échelle sociale, plus il y a de chances que les *e* muets tombent.

Quand il est prononcé, le *e* caduc est souvent légè-

---

3. Exceptionnellement, on aura recours à une transcription orthographique aménagée, beaucoup plus lisible : les *e* muets non prononcés sont entre parenthèses.

rement nasalisé; accentué, il tend à prendre le timbre d'un [œ] très ouvert : [ˈʒœːsɛ].

La chute du *e* muet est probablement le trait le plus fréquemment souligné de l'usage populaire, souvent représenté dans l'orthographe par l'absence de la lettre *e (ptit),* ou par une apostrophe *(p'tit).* Outre que les formulations sont souvent erronées, c'est une pratique qui a pour effet de marquer péjorativement un discours, laissant entendre qu'il s'agit d'une spécificité populaire. Or, français standard, français familier et français populaire ne s'opposent guère que par la fréquence des chutes, et la préférence pour certaines combinaisons dans les successions de syllabes comportant des *e* muets.

Les neuf monosyllabes *(je, me, te, se, ce, le, ne, de* et *que)* se comportent comme s'ils étaient à l'intérieur d'un groupe, sauf s'ils sont en séquence : la chute d'une partie d'entre eux est alors, dans l'usage parisien, obligatoire. On maintient soit les pairs, soit les impairs *(je m(e) le d(e)mande,* ou *j(e) me l(e) demande).* Alors que le français standard fait l'inverse, le français populaire tend à maintenir les impairs et faire chuter les pairs : *tu peux te l(e)ver, je m(e) le d(e)mande, si je l(e) savais.*

Cette insistance sur les syllabes impaires, liée à l'accentuation, va jusqu'à produire des groupes où est prononcé un *e* muet qui n'a pas lieu de l'être, soit qu'il soit en position atone (en finale de mot : [prɑ̃dəlmetro], [ʒətruvəskimfo]), soit qu'il n'existe pas dans la graphie et mérite dès lors la dénomination de « parasite » ([purərjɛ̃], *pour rien),* soit encore qu'il remonte d'une syllabe, donnant naissance à un « *e* muet inversé » ou « interverti » *(s'courir eul monde riche* - Rictus -, *les mecs ed' la rue* - Benjamin -), que l'on peut même trouver en position initiale *(ej' m'occupe jamais du ménage* - Bruant). Ce dernier cas constitue, comme on le voit par le choix d'exemples littéraires, un trait stéréotypique et stigmatisant.

C'est aussi le *e* muet qui apparaît en cas d'hésitation, donnant parfois l'impression d'une prononciation en finale, et c'est lui qui décharge un groupe consonantique trop lourd, soit aux frontières de mots ([parkədeprɛ̃s], phénomène d'autant plus fort que le mot qui suit est plus bref), soit à l'intérieur d'un mot ([eksəprɛ], [katpənø] pour *exprès, quatre pneus*). Une forte fréquence de ces *e* muets parasites est interprétée comme populaire. Enfin, un léger *e* muet peut apparaître en finale après consonne, comme détente.

La disparition d'un *e* muet a souvent pour effet d'alourdir les groupes consonantiques existants, qui sont alors candidats à la simplification.

IV. — Les « facilités de prononciation »

Le terme « facilité de prononciation », quoique ayant le mérite de prendre acte d'une relation entre tout un faisceau de phénomènes, est en fait assez malheureux, car il induit sur eux un jugement négatif, en laissant entendre qu'ils sont l'effet d'une paresse articulatoire. Mais les modifications, d'autant plus fréquentes que le débit est plus rapide, sont à comprendre par référence à deux caractéristiques de la phonie française :

— le schéma canonique tend à une succession consonne-voyelle (CVCV), et tout ce qui le perturbe risque des réductions qui visent à le rétablir. Cette tendance, accentuée en français populaire, est un facteur historique qui a joué depuis le latin;
— le français standard se caractérise par une articulation tendue qui se relâche en français populaire, où les sons exercent une influence les uns sur les autres.

1. **Les assimilations.** — Quand deux consonnes ou plus se succèdent, soit de façon naturelle à l'intérieur d'un mot ou à la jointure de deux mots dans la chaîne, soit par suite de la chute d'un *e* muet (à l'intérieur d'un mot ou à la jointure de deux), le français soigné tente de maintenir l'autonomie articulatoire de chacune. Mais les français courant, familier et populaire pratiquent des assimilations, dont la fréquence et la force s'accentuent dans le français populaire. Si les deux consonnes qui se suivent ne sont pas de même nature, il y a une tendance à ce que la seconde assimile (de façon régressive) une partie des traits de la première. En fait, l'assimilation n'est jamais totale, les organes vocaux ménagent une transition, et l'oreille y perçoit une assimilation.

On peut distinguer plusieurs cas, en fonction de celui des traits classificatoires de la consonne qui est en cause :

— Assimilation de sonorité :

— quand une sonore est suivie d'une sourde, elle s'assourdit (*je pense pas* se prononce [ʃpãspa]). Quoi que ce soit de façon assez aléatoire, c'est là un trait souvent noté dans les transcriptions littéraires qui en font un stéréotype transcrit *ch'pense*. On a aussi des traces de ce phénomène, dans l'instabilité de l'orthographe de certains mots d'argot : *jetard* s'écrit aussi *chtar*.

— quand une sourde est suivie d'une sonore, elle tend elle-même à se sonoriser ([bɔzdemat] pour *bosse des maths*); ce phénomène joue de façon moins achevée que le précédent ;

— devant les sonores non phonologiques (*l, r, m* et *n*), la consonne sourde qui précède tend à se sonoriser, ce qui est senti comme un relâchement ([izraɛl], ou [sɔsjalizm]).

— Assimilation de point d'articulation, surtout sur les consonnes d'avant. Elle est caractéristique d'une langue familière très relâchée, ou du français populaire : [kɛ̃ʒʒɥɛ̃], [wikɛmprɔʃɛ̃] pour *quinze juin, week end prochain* (sans prononciation du [d])... Elle n'est pas toujours régressive : [dimɑ̃ʃʃwar] pour *dimanche soir...*

— Assimilation de mode d'articulation, qui met souvent en jeu des nasales. Soit assimilation de consonnes par une consonne ([ɔnɛnmɑ̃] pour *honnêtement*), fréquemment influencées par une voyelle nasale ([vɛ̃ndø], [grɑ̃dam] pour *vingt-deux, grande dame*), soit assimilation de consonnes par les voyelles environnantes ([mɛnnɑ̃], [pɑ̃nɑ̃], [kɔ̃mjɛ̃] pour *maintenant, pendant, combien...*).

L'assimilation de sonorité est celle qui est souvent exploitée dans les reproductions stéréotypées, mais elle est aussi la moins déclassante, car elle correspond à un phénomène articulatoire. Les assimilations de point et de mode, quand elles sont perçues, sont senties comme relâchées.

2. **Les simplifications de groupes consonantiques complexes.** — Elles peuvent intervenir lorsqu'un groupe consonantique, naturel ou créé par la chute d'un e muet, devient trop chargé, c'est-à-dire comporte deux consonnes ou plus. Elles sont très sensibles au rythme, d'autant plus fréquentes que le débit est plus rapide. Très nombreuses en français populaire, les simplifications sont évaluées de façon négative, d'autant plus que le groupe aurait été moins chargé[4]. Une simplification a d'autant plus de chances d'intervenir que les consonnes en cause sont

---

4. Plutôt que de condamner une évolution regrettable, rappelons que c'est là la prononciation héréditaire : [eskyze] pour *excuser*. Bien des consonnes ont commencé à être prononcées par réflexe orthographiste.

d'articulation plus fermée (occlusives ou fricatives). Certaines simplifications sont populaires, d'autres sont partagées par les usages familiers.

On distinguera selon la nature des consonnes en cause et leur appartenance syllabique, la nature de la (des) consonne(s) qui chute(nt), et la position du groupe dans le mot :

— à l'intérieur d'un mot de plusieurs syllabes. La simplification porte généralement sur la clôture de la première syllabe d'une suite : [kekʃoz], [kesafɛ], [esplike], [paskə], pour *quelquechose, qu'est-ce que ça fait, expliquer, parce que*… ;
— à la finale d'un mot. Si le cas le plus répandu concerne la chute de la dernière consonne ([artis], [ot], [varjab] pour *artiste, autre, variable*…), et quelquefois de plusieurs ([glɔptɛrɛs] pour *globe terrestre*), il se peut aussi que ce soit l'avant-dernière qui chute ([fim] pour *film*). Il faut distinguer selon que le mot se trouve en finale absolue, que le mot suivant commence par une consonne ([katsɑ̃] pour *quatre cents*) ou qu'il commence par une voyelle ([etɛ̃teliʒɑ̃] pour *être intelligent*). Si la simplification devant consonne est simplement familière et ne laisse comme alternative que la prononciation d'un *e* muet, les deux autres cas sont stigmatisés.

Une variante de la simplification est la prononciation d'un *e* muet maintenu ou parasite, qui lubrifie le groupe trop chargé : ainsi, pour *exprès,* on a le choix entre [esprɛ] et [eksəprɛ][5]. Une autre variante est constituée par des interversions de consonnes (métathèse), qui modifient l'ordre de succession. [pretɛsk], [lysk], pour *prétexte* et *luxe,* avec fermeture progressive, sont désormais des souvenirs (on dira plutôt [pretɛs] et [lys]), mais [eskəprɛ] s'entend,

5. Ce phénomène a été perçu par Queneau dans *Zazie dans le métro,* où il joue des deux graphies *esprès* et *exeuprès.*

41

qui combine inversion et insertion d'un *e* muet. Enfin, certains groupes de consonnes peu fréquents à l'initiale donnent parfois lieu à un déchargement grâce à une voyelle épenthétique *(espécial, estatue)*. Ces formes sont considérées comme très populaires.

Les cas les plus fréquemment relevés dans les transcriptions littéraires, sont les chutes des liquides. Alors qu'elles sont généralement traitées en parallèle, il faut distinguer entre [r] et [l].

La chute de [r] concerne des termes du lexique (comme *autre* prononcé [ot] dans [vlaotʃoz]). Presque systématique avec l'infinitif *être,* c'est dans *quatre* qu'elle s'applique le plus rarement, sauf dans *quatre cents*. Le seul élément grammatical concerné est *sur (je l'ai mis* [sylfø]), plus familier que populaire devant *le* et *la*. La tendance est à une chute plus fréquente devant consonne que devant voyelle (selon le schéma canonique CVCV), et plus fréquente à la finale absolue que devant voyelle.

Quant à [l], on le rencontre beaucoup plus fréquemment dans des mots grammaticaux. D'une fréquence élevée dans le discours grâce aux déterminants *(le, la, les),* aux pronoms *(il, elle, le, lui, la...)* et à certains adverbes *(alors, plus),* soit des mots-outil fréquents, il disparaît souvent, sans que la position ou le nombre de consonnes en jeu soit pertinent. Ainsi pour les pronoms sujets : il est régulier, en français courant familier ou populaire, d'alterner [ila]/[idi], donc [il] quand le mot suivant commence par une voyelle, et [i] quand il commence par une consonne[6]. La tendance est encore plus forte pour *il* impersonnel, s'il se maintient du moins. On notera que ceci constitue une sorte de liaison, façon nettement moins stigmatisante de présenter le phénomène ! Le pronom féminin ne réalise pas un exact paral-

6. [idi] est la seule forme correcte au XVIIᵉ siècle, même en style soutenu. La prononciation [ildi] paraissait alors un orthographisme.

lèle : l'alternance est beaucoup plus populaire *(elle a/e(lle) dit)*. La suppression peut s'accompagner d'une ouverture de la voyelle (*elle dit* se prononce alors [adi], forme déclassante). Quant aux formes du pluriel, elles autorisent les mêmes remarques : devant voyelle, la forme est généralement [izɔ̃] et quelquefois [ɛzɔ̃]. La troncation d'un -*l* final se trouve aussi dans *quel : que(l) bordel*!

Il n'y a pas que la position finale pour être affectée : le pronom *lui* connaît aussi une réduction du [l], fréquemment accompagnée d'une réduction du [ɥ] (on ne maintient alors que le [i] qui devient [j]), ou bien du [i] : [ʒəlɥiedi], [ʒlɥedi], [ʒɥedi], [ʒjedi]. Même chose en position post-verbale (*dis-lui* se prononce [dizi], qui peut aussi représenter *dis-le*). Les autres éléments affectés par la chute du *l* interne sont *celui* ([sɥi]), et *quelque(s)* ([kɛk]).

Les adverbes constituent un cas particulier. Quand le *l* de *alors* est effacé, le mot se réduit à [ar]. Quant à *plus,* sa prononciation [py], plus fréquente dans l'emploi négatif que dans l'emploi comparatif, est considérée comme vulgaire ou enfantine. Elle produit un effet différent selon l'environnement : la simplification d'un groupe de deux consonnes en une seule (*il y va p(l)us*) est plus stigmatisée que celle d'un groupe de trois consonnes réduit à deux *(i(l) chant(e) p(l)us)*.

3. **Les dilations.** — C'est un phénomène qui frappe les voyelles, plus rare que l'assimilation consonantique, car il intervient non à proximité immédiate mais en sautant par-dessus les consonnes. Il faut distinguer entre les dilations de voyelles intermédiaires et les dilations de voyelles non intermédiaires, qui sont plus rares.

Pour les voyelles non intermédiaires, on ne peut citer que quelques mots, généralement des adverbes fréquents : [surtu] pour *surtout,* [uʒurdʋi] pour *aujourd'hui,* [atɔ̃sjɔ̃] pour *attention* (toutes dilations régressives)... ou de très rares dilations progressives comme [oʒɔrdʋi]. Une prononciation peut être sur-déterminée, comme [mɑ̃mɑ̃], que l'on peut interpréter à la fois comme dilation et comme assimilation.

Les dilations de voyelles intermédiaires sont plus systématiques, et également régressives, pour les positions syllabiques à peu près libres : *il a été* [ilaete], mais *il était,* [ilɛtɛ], *il a aimé* [ilaeme], mais *il aimait* [ilemɛ], où la voyelle du radical change de degré d'ouverture sous l'influence régressive de la finale.

V. — Les « réductions »

Les réductions sont très fréquentes. Mais ce serait reproduire le vieux schéma que nous avons déjà critiqué que de ne pas parler en même temps des complexifications, bien qu'elles soient beaucoup moins nombreuses.

On considérera comme réductions toutes les sim-plifications qui ne sont pas réductibles aux rubriques précédentes, et spécialement celles qui frappent des mots particuliers et non des classes entières de pho-nèmes ou de groupes de phonèmes.

1. **Les réductions.** — Elles sont d'autant plus fré-quentes que le débit est plus rapide et l'articulation moins surveillée. Elles interviennent la plupart du temps en position inaccentuée. Elles vont de tronca-tions brèves de segments inaccentués à des tronca-tions plus importantes, souvent reproduites dans les transcriptions orthographiques courantes. On souli-gnera qu'aucune transcription n'est assez fine pour les reproduire, n'étant capable que de signaler une présence ou une absence, alors qu'une troncation

laisse souvent une légère trace. Elles comportent les types suivants :

— troncation de voyelles inaccentuées : le [y] de *tu* est souvent tronqué devant voyelle : [tariv] pour *tu arrives?,* désormais presque standard ; il l'est quelquefois aussi devant consonne, de façon fréquente dans [tse] pour *tu sais,* mais plus rare avec d'autres verbes, où il fait populaire ou régional ; de même le [u] de *vous* [vzave], qui peut d'ailleurs se réduire à la seule liaison ([zavermarke] pour *vous avez remarqué?*), et le [e] de *écoutez* ou de *déjà.* On entend aussi [stadir], [kɔr], [bʒur], [ptɛt], [stɔm], [msjø], [mɑ̃fɛ̃], [malɔr] pour *c'est-à-dire, encore, bonjour, peut-être, cet homme, monsieur, mais enfin, mais alors* ; et aussi le déterminant [stə] ([stəfam]), fréquemment attesté au féminin, mais considéré comme plus populaire au masculin ([stəmɛk]) ;
— troncation de semi-voyelles après consonnes : [j] de *bien* ([bɛ̃]), [ɥ] de *puis* ([pi]) dans son emploi de ligature, de *suis* (je *suis* prononcé [ʃʃi] avec assimilation du [ʒ] par le [s], puis contamination du [s] en [ʃ] — mais aussi [ʃy] ou [ʃi], selon l'environnement), de *lui* et de *celui*... ;
— disparition de consonnes à la prononciation particulièrement ténue : c'est surtout le cas de [v] : [wala], [tartagœl], [aeuy], [sjuplɛ], [serɛksaapa], [ʒeddir] pour *voilà, tu vas voir ta gueule, avez-vous vu, s'il vous plait, c'est vrai que ça va pas, je vais te dire* ;
— troncation du [r] de *parce que,* presque régulière chez beaucoup de locuteurs : à côté de [paskə], on trouve aussi [pask], [ask], [skə], [sk], et même [sə] ou [s] quand le débit s'accélère ;
— troncation de syllabes ou de portions de mots, qui concernent souvent des adverbes courants :

[vla], [ʃtəmɑ̃], [ja], [ar], [tmanjɛr] ou [dmanjɛr], [tfasɔ̃], [rkwa], [tyrɛlmɑ̃], [ʒurdɥi], [smɑ̃], [dʒur], [ptɛt], [spa] ou [pa], pour *voilà, justement, il y a, alors, de toute manière, de toutes façons, pourquoi, naturellement, aujourd'hui, seulement, toujours, peut-être, n'est-ce pas...;*

— disparition de mots entiers, comme *il* impersonnel dans *faut* pour *il faut* ([fo]), qui peut encore se réduire : [ktylfas] pour *il faut que tu le fasses;* ou *que* dans l'introduction d'un discours rapporté; [ʃpo] pour *je sais pas.*

Ces différents facteurs peuvent se combiner : [fa:rktatɑ̃d], pour *il va falloir que tu attendes.* On emploie parfois le terme « écrasement » pour désigner ces phénomènes. Bien que spécifiques (propres à un seul mot, ou à un groupe de mots qui ne forment pas une classe), ces troncations sont extrêmement codifiées, ou du moins n'obéissent qu'à un nombre limité de potentialités, et sont immédiatement décodables par le locuteur appartenant à la communauté.

2. **Les « complexifications »**. — Elles sont beaucoup moins nombreuses.

[v] est la consonne qui disparaît le plus facilement, mais c'est aussi celle qui se développe le plus souvent, surtout devant [w] : [vwatɛr], [vwi]...

Traditionnellement, les géminées ne se prononçaient pas. Pour les faire sonner, il faut souvent ménager une légère interruption entre les deux consonnes. Néanmoins, le parler surveillé les a introduites depuis quelques dizaines d'années : *(villa, grammaire).* A part dans les suffixes ([immɔbil]), elles nous semblent pouvoir être rapportées à des orthographismes, comme la tendance à prononcer des consonnes traditionnellement muettes *(dompteur...).* La langue populaire (et de plus en plus la langue des jeunes) tend à ne pas marquer les géminées des préfixes, mais elle introduit fréquemment une gémination du [l], dans la prononciation de pronoms : *je l'ai vu, tu l'as dit* prononcés [ʒəllevy], [tylladi]. Ces expressions sont présentées comme des effets de l'analogie avec *il l'a vu,* mais ceci ne nous semble pas expliquer pourquoi, en ce seul cas, on prononcerait [il] devant consonne.

VI. — La liaison

1. **Comparaison du système standard et du système populaire.** — La liaison est en français standard l'un des phénomènes les plus différenciateurs quant aux registres, d'ordre à la fois syntaxique et phonétique, qui assure une cohésion supplémentaire aux groupes syntaxiques par la prononciation en fin de mot, quand le mot suivant commence par une voyelle, d'une consonne qui sinon demeurerait muette : *les enfants, ils arrivent, mon ami* se prononcent [lezɑ̃fɑ̃], [ilzariv] ou [izariv], [mɔ̃nami]. On distingue les liaisons obligatoires, qu'un francophone natif fait toujours, et les liaisons facultatives, qui, dans leur extrême variété, permettent d'évaluer le registre (depuis les très courantes comme *dans un moment,* jusqu'aux rares comme *voyager en avion*).

En français populaire, il n'y a guère que les liaisons obligatoires qui soient toujours effectuées. Les liaisons facultatives sont rares, seules apparaissent parfois les moins exceptionnelles d'entre elles *(dans une minute, quand il part...)*[7]. Ce n'est donc pas par la présence ou l'absence de liaison que l'on pourra caractériser le français populaire, mais plutôt par les fautes, dont nous chercherons la logique.

7. Ici encore, l'usage populaire est conforme à la tradition. Beaucoup de liaisons soutenues de nos jours n'étaient pas effectuées au XIXe siècle.

On signale avant tout les «fausses liaisons», généralement explicables par analogie : velours (fausse
liaison en -z-) et cuirs (fausse liaison en -t-). Celles-ci
n'apparaissent qu'en contexte de relative surveillance
sociale, et correspondent à un processus d'hypercorrection : *moi z aussi, il faudra t aller, je suis t éreinté,
les inscrits et les non z inscrits...* Elles sont senties
comme suffisamment déclassantes pour être corrigées
par le locuteur qui en prend conscience.

Les fausses liaisons peuvent être récupérées à des
fins ludiques, comme dans la plaisanterie rituelle *vous
ici? je vous croyais aux eaux,* prononcé [krwajɛzozo].

2. La liaison comme marque grammaticale. —
Trois « fausses liaisons » nous arrêterons pour ce
qu'elles révèlent d'analyse grammaticale : le pluriel,
les pronoms postposés à l'impératif, et les relatives
« de français populaire ».

Le français populaire a retenu, pour lui donner
une autonomie, l'une des fonctions fréquentes de la
liaison : l'indication de pluralité. Il est en effet courant que le pluriel ne soit indiqué qu'à l'initiale, par
la forme du déterminant (*les* au lieu de *le* ou *la*),
et par une liaison *(les enfants).* Le français populaire
retient dès lors z- comme préfixe de pluriel, et étend
son usage. On le trouve donc à la fin de déterminants qui n'en comportent pas : *quatre z yeux* (à l'origine du verbe *zieuter*), *cinq z amis, beaucoup d(e)
z yeux, une femme à z yeux bleus,* mais aussi dans
les chemins de fer z anglais (traitement d'un nom
composé comme un nom simple), [mɛzɛksəzami] *mes
ex z amis*; il peut même exprimer le pluriel sur
d'autres catégories : *c'est pas commode comme z
horaires,* ou, au-delà du groupe nominal, *l'idée
d'avoir z été trompés,* parallèle à *qu'ils ont été
trompés.*

C'est à tort qu'on analyse parfois le *z* des impératifs comme *donne moi z'en, parle lui z'en* comme marque de liaison. Il ne fait qu'aligner ces formes sur *donnes-en* et *prends-en*. Ici, la logique du français standard n'apparaît pas avec évidence, pour offrir deux orthographes différentes d'impératif (sans -*s* quand l'impératif du premier groupe est seul, et avec -*s* quand il est suivi d'un pronom). La règle du français populaire pourrait se formuler : les pronoms *en* et *y* revêtent, en position postverbale, les formes *z'en* et *z'y,* quel que soit l'élément qui précède.

Un dernier cas de liaison apparemment incongrue se présente dans [lezãfãkizariv]. Si l'on se contente de supposer un velours, ou une faute d'orthographe mettant un *s* au pronom relatif, on se condamne à ne pas saisir la relative : *les enfants que [ils arrivent],* forme qui offre les conditions pour l'élision du *e* muet de *que,* la chute du *l* de *il* devant [z], et la liaison obligatoire.

Pour conclure sur la liaison, nous dirons qu'elle tend à fonctionner en français populaire, non comme indicateur stylistique comme en français standard, mais comme marque grammaticale autonome de pluriel.

VII. — L'écrit : l'orthographe du français populaire

On ne peut pas ne pas parler ici de l'écrit, car si le français populaire est le plus fréquemment oral, c'est surtout pour des raisons de pratique de populations qui recourent peu à l'écrit. Il existe cependant une abondante littérature argotique, qui commence très tôt (ballades de Villon en 1489).

Le français populaire étant surtout une langue à transmission orale, les écrits se caractérisent par l'absence de stabilité de la graphie : on peut hésiter pour le même mot entre *clamecer, clamser, clampser.*

L'orthographe oscille entre le phonétisme et l'hyper-correction. Ceci se comprend par le fait que l'orthographe populaire n'a pas lieu d'être institutionnalisée : contrairement à la langue orale qui a son existence propre et ses règles, l'orthographe populaire n'est que reproduction plus ou moins déformée de la graphie officielle; l'écrit ne peut être que dans la norme ou dans la faute.

Un effet de la scolarisation du peuple, dans le courant du XIXe siècle, a été la tendance à l'orthographisme (prononciation épelée de mots que l'on ne connaît que par le journal), qui provoque la prononciation de consonnes muettes.

Conclusion

La prononciation populaire retrouve les lois naturelles d'une évolution ailleurs contrecarrée par l'école et par la norme. On s'arrêtera aussi à la permanence des prononciations incriminées, en notant que, par exemple, Brunot dans son *Histoire de la langue française,* en signale beaucoup comme faisant déjà l'objet de la furie des grammairiens au moment de la Révolution : ainsi de la chute des consonnes finales, ainsi des liaisons fautives... C'est dire que, au moins sur le plan de la prononciation, le français populaire est plus conservateur qu'initiateur.

Chapitre III

MORPHOLOGIE

Pour faciliter la présentation du domaine morpho-syntaxique, nous répartirons le champ grammatical en trois chapitres : morphologie flexionnelle, syntaxe de la phrase simple, et syntaxe de la phrase complexe. Pour décrire le français populaire par contraste, il faudrait être sûr de bien connaître les règles auxquelles obéit le français parlé, et spécialement la version familière de celui-ci. Or, il faut reconnaître que tel n'est que partiellement le cas. Il y a des incidences de ce que les théories grammaticales aient été conçues pour décrire l'écrit, ou du moins une langue neutralisée au profit de l'écrit standard.

La morphologie et la syntaxe du français sont soumises, dans leur fonctionnement et dans leur évolution, à quelques tendances que le français populaire ne fait qu'accentuer : 1) tendance à la séquence progressive, qui obéit au schéma canonique sujet-verbe-objet. Les structures qui ne s'y soumettent pas (comme les inversions) tendent à disparaître ou donnent lieu à de fréquentes fautes; 2) tendance à l'analycité : décumul des formes synthétiques, avec fragilisation des dernières traces de déclinaison; 3) tendance à l'invariabilité et à la régularisation des paradigmes, par application de l'analogie.

I. — Morphologie verbale

1. **Les verbes.** — Les verbes français sont traditionnellement classés en trois groupes :

— premier groupe : les verbes en *-er* sont la grande majorité des verbes français, la seule classe véritablement productive ;
— deuxième groupe : les verbes en *-ir* (imparfait en *-iss-*), sont au nombre d'environ 300, et constituent une classe faiblement productive ;
— troisième groupe, réunissant les verbes qui n'entrent pas dans les classes précédentes, au nombre d'environ 150. Il n'y a pas de formation de nouveaux verbes, et ceux qui existent tendent à tomber en désuétude.

Quand des verbes du troisième groupe sont employés à des formes autres que l'infinitif, c'est bien souvent avec des fautes qui les alignent sur le premier ou à la rigueur sur le deuxième groupe *(ils s'enquérissent, il mourira, je me rassis, vous boivez, il acquiéra, que je save, qu'ils croivent, qu'il peuve, vous faisez...)*. Aussi les locuteurs tendent-ils à les éviter.

La raréfaction des emplois va jusqu'à la disparition pure et simple. Celle-ci, encore accentuée en français populaire, s'effectue par l'intermédiaire de trois procédés : changement de flexion, substitution synonymique, et création de locutions verbales. Les trois procédés interviennent au profit de verbes du premier groupe, ce qui tend à réduire le verbe à un paradigme unique.

La modification des flexions produit par exemple : *mouler le café, agoniser d'injures, cuiser, lotisser, mouver, s'assir, visionner, réceptionner...* Si certains demeurent des fautes, les deux derniers se sont imposés, avec des sens distincts de ceux des verbes *voir* et *recevoir*.

Le deuxième procédé, à l'œuvre depuis l'ancien français, consiste à remplacer un verbe à plusieurs bases par un verbe régulier : *entourer* au lieu de *ceindre, tomber* ou *chuter* pour *choir, fermer* pour *clore, pousser* pour *croître, détester* pour *haïr, brouter* pour *paître, chercher* pour *quérir, habiller* pour *vêtir, solutionner* pour *résoudre*...

Le développement de locutions verbales répond aux mêmes causes : *faire frire* pour *frire, être nuisible* pour *nuire, avoir peur* pour *craindre*...

Les nouveaux verbes créés appartiennent toujours au premier groupe, par exemple par l'adjonction d'un -*t*- après un nom ou un adjectif : *zyeuter, siroter, gagater (*« devenir gaga » : *il gagate devant les bébés*)...

C'est aussi la régularisation du paradigme qui se montre décisive dans la tendance à la réduction des alternances entre forme longue et forme brève. L'élimination de ces alternances, en cours, n'était pas achevée au moment de la fixation de la langue, et le français populaire la parachève, selon la tendance héréditaire. C'est le cas pour les alternances entre e muet et voyelle intermédiaire, et entre semi-voyelle et zéro : *il empaqu'te* à côté de *il empaquète, j'ach(e)trai* et *j'achèterai, vous demanderiez* et *vous demand(e)riez, j'essuye* ou *il se noye,* avec yod prononcé, à côté de *j'essuie* et *il se noie.* La chute d'un *e* muet peut entraîner la naissance de formes dont la graphie entérine la divergence, comme *becter (je becte),* où disparaît le rapport initial à *becqueter*; de même les effets de la semi-voyelle : *magne-toi* provient de *manier,* où le groupe *ni* s'est palatalisé.

Certains verbes pronominaux non réfléchis, dits « intrinsèquement pronominaux », présentent également un problème de conjugaison. Le pronom *se,* sans signification propre, est réanalysé comme partie du radical, et on entend *il s'est en allé, il a s'agi.*

On voit que les caractéristiques phonologiques et morphologiques de la langue ont des conséquences directes sur la formation de mots nouveaux.

2. **Les temps.** —

Le système standard se caractérise par un nombre élevé de temps (onze temps à l'indicatif, soit trois de plus que dans la plupart des langues indo-européennes), et par l'hétérogénéité des formations : trois de ces onze temps (passé simple, passé antérieur et conditionnel passé deuxième forme) n'obéissent pas à la même logique que les autres.

Le français populaire répond à cette complexité en réduisant le nombre des temps : le passé simple a pratiquement disparu de l'usage oral[1] (et ses rares emplois sont souvent fautifs : *il s'enfuya, il conquérit, ils envahissèrent*), passé antérieur et conditionnel passé complètement.

Il existe un usage affectif de l'imparfait, souvent donné comme populaire, mais qui est surtout familier et destiné à l'adresse à des enfants ou à des animaux : *il avait mal à son doigt le bébé.* Il est souvent couplé au pronom *on : on avait bien mangé sa pâtée.*

Le futur est bien intégré au système, malgré les difficultés de sa formation. On réduit la variété des formes en *-erai, -irai,* ou *-rai* à un cas général, par composition sur le présent ou sur l'infinitif : *je couvrerai, j'allerai, j'envoirai, je cuiserai, je mourrirai, il voira, l'eau bouillira...*[2] Les futurs des verbes en *-ayer* et en *-oyer* sont fréquemment formés avec un

---

1. Mais il reste irremplaçable à l'écrit et dans les récits, même chez les jeunes enfants.
2. C'est ici l'instabilité qui domine, sans qu'il soit facile d'établir si une formation est systématique chez un locuteur (*a fortiori* dans un groupe social), ou si elle relève du lapsus, ou encore de la variation stylistique.

yod : *je paierai* et *il aboiera* prononcés [pejre], [abwajra], et ceux de la deuxième conjugaison peuvent se prononcer avec une géminée ([finirre]). La difficulté de conjugaison est, avec la tendance à l'analycité, un facteur qui favorise la concurrence du futur périphrastique, qui présente tous les avantages d'une locution verbale *(l'eau va bouillir)*[3].

Le subjonctif ne connaît guère que les emplois au présent et au passé. Malgré quelques traces de disparition, il se maintient bien, comme l'indique l'existence d'hypercorrections. Il se conserve même tellement bien qu'il est parfois distingué de l'indicatif par un yod final *(que j'aye, qu'il soye, qu'ils croyent),* qui tend à devenir une marque autonome de subjonctif, alors que seuls certains verbes du troisième groupe l'imposent en principe.

Les temps composés ne posent pas de problème, dans la mesure où ils sont faciles à former (sauf en cas de participe passé irrégulier). La seule difficulté provient de la répartition entre les auxiliaires *avoir* et *être,* difficile à établir dans l'usage normé ; l'usage populaire manifeste un certain flottement *(il est claboté, il a claboté),* ou généralise l'emploi de *avoir (j'ai resté toute la semaine au lit),* surtout avec les verbes pronominaux *(je m'ai trompé, elle s'a donné un coup),* ou encore généralise l'exploitation sémantique de la distinction : *avoir* exprime une action passée, et *être* l'état résultant de l'action antérieure (*il a divorcé* en face de *il est divorcé*), opposition qui peut être étendue à *il a mouru* en face de *il est mort, il est mouru, il est bu,* « il est ivre » en face de *il a bu.*

L'accord en genre et en nombre du participe passé est de plus en plus abandonné dans ces formes : *et*

---

3. Pour beaucoup de locuteurs, les deux formes continuent à apporter des sens distincts.

pourquoi elle s'est ouvert/la porte? Cette tendance se réalise aussi dans l'absence d'accord avec *avoir*, mais c'est là un trait commun à tous les usages parlés.

Les temps surcomposés, à la fois régionaux et populaires, constituent une complexification de la morphologie. Ils répondent à deux emplois : le seul reconnu par la norme est en subordonnée temporelle *(une fois qu'il a été arrivé, quand il a eu fini)*, où ils sont très répandus pour exprimer une antériorité. Le second emploi est en phrase indépendante ; bien qu'il soit stigmatisé et considéré comme régional, on l'entend même à Paris *(je l'ai eu fait/mais je ne le fais plus depuis longtemps)*, où il vient combler un vide du système aspectuel, qui ne dispose pas d'autre moyen d'exprimer une action continue dans le passé.

3. **Expression de l'accord entre sujet et verbe.** — La disparition historique (surtout au présent) des désinences verbales conduit à un nouveau type de conjugaison dans lequel c'est le pronom qui exprime l'accord en personne, en genre et en nombre. D'où des formes encore plus fréquentes en français populaire qu'en français courant, généralement dénoncées comme redondance et relâchement, mais qui viennent compenser l'absence sur le verbe de toute marque orale autre que de temps : *mon père/il travaille pas*. Désormais le pronom tend à être obligatoire, qu'il soit ou non précédé d'un nom : l'accord s'exprime avant le radical verbal.

L'indistinction presque générale entre troisième personne du singulier et du pluriel (sauf liaison) est semble-t-il mal supportée : le français populaire l'évite en ajoutant [j] au pluriel *(ils croient)*, aussi bien au subjonctif qu'à l'indicatif *(qu'ils ayent, qu'ils soyent…)*.

4. **Les aspects.** — Les périphrases aspectuelles connaissent des variantes populaires, dont certaines sont surtout propres à une région : *sortir de* pour *venir de, être à* ou *être après* pour *être en train de, être pour* ou *être* + participe présent pour *être sur le point de, penser de* et *manquer de* pour *faillir (je sors d'être malade, il est à travailler, j'étais pour partir, j'étais partant quand il est arrivé, j'ai pensé de tomber).* Le futur immédiat connaît également deux variantes : *je m'en vais te dire ce que je pense, il veut pas pleuvoir tout de suite.*

Les valeurs aspectuelles sont aussi fréquemment rendues par des adverbes, comme dans *partez toujours/je vous rejoins.*

II. — Morphologie du nom et de son groupe

Le nom impose en français un genre et un nombre à l'article et à l'adjectif.

1. **Le nombre.** — Les pluriels connaissent deux paradigmes : le cas général, où le pluriel est à l'écrit en *-s* et à l'oral non marqué (sauf liaison, obligatoire avec l'article, mais facultative et rare, donc non faite en français populaire, avec l'adjectif), et les forme en *-al* et en *-ail* qui font leur pluriel en *-aux* et [o].

Le deuxième cas, bien qu'il constitue une exception, est bien intégré dans le système, et généralement respecté, car les noms et adjectifs concernés sont très nombreux. Les écarts *(des animals)* sont rares. Mais cette règle connaît elle-même des exceptions (des retours au cas général), qui ne sont pas toujours respectées (*banals* ou *banaux*). Le lexique populaire ou argotique obéit au cas général *(un guindal, des guindals).*

Un signe de la vivacité de l'alternance entre *-al*

et -*aux* est une formation ludique qui prétend prendre une terminaison en -*o* pour le suffixe de pluriel -*aux*, et reconstitue un singulier en -*al* : *une photal, une motal, le métral*. On la rencontre plutôt dans les argots scolaires que dans la langue populaire proprement dite.

Les formes dont la consonne finale doit être supprimée au pluriel *(bœuf, œuf, os)* ne sont pas reconnues comme exceptions, et l'on prononce [debœf], [dezœf] et [dezos]. De même, *bonhomme,* dont la composition n'est pas analysée, donne comme pluriel *des bonhommes*.

Dans la reprise, il arrive qu'il y ait neutralisation du nombre, au profit du singulier : *les enfants/i sait bien qu'on est à leur disposition.*

2. **Le genre.** — Il est en français aléatoire pour les inanimés, et parfois non motivé pour les animés. Mais la véritable opposition joue de fait entre les mots terminés par une voyelle phonique, dont la plupart sont masculins, et les mots terminés par une consonne phonique (avec ou sans *e* muet), en majorité du féminin. Un trait également important est l'attaque du mot : en cas d'hésitation, un mot commençant par une voyelle est interprété comme féminin.

Le français populaire régularise selon ces deux dimensions, il y a donc deux ordres de motivations dans l'attribution du genre, dont la modification est d'autant plus probable que se cumulent les facteurs. Pour des raisons phonologico-morphologiques, on entend : *une air, une ulcère*[4], *une clope, une grosse légume, mais un auto, le toux...*; et, pour des raisons sémantiques : *il a été le dupe dans cette his-*

4. Il arrive que *un* soit prononcé de façon archaïque [yn] devant voyelle. On peut alors faire une confusion, et croire que ces noms sont pris comme féminins.

toire, un espèce d'abruti. Certaines expressions d'origine populaire attestent de la force de ces tendances, comme *à la manque.* Bien souvent, seule la reprise lors d'un détachement révèle le genre attribué : *referme bien le café/sinon/l'arôme elle s'échappe.*

La tendance à maintenir l'opposition de genre est très forte. Pour les noms sans féminin, on tend à en créer un *(bleu* et *bleuse),* la plupart du temps par l'adjonction de *-t-* : *rigolo* et *rigolote, chou* et *choute, riquiqui* et *riquiquite...* Et aussi par l'intermédiaire de suffixes : *typesse, chefesse* sur *type* et *chef,* et les argotiques *gonzesse* et *dabesse* (de *gonze* et *dab).*

3. Accord en genre et en nombre.

— Au pluriel, le féminin est maintenu en français standard quand tous les noms sont féminins. Mais le français populaire connaît aussi une neutralisation au profit du masculin, qui se manifeste dans la reprise par le pronom *ils* : *ils sont où les fleurs que je vous ai offert?, les femmes/ils devraient pas fumer.* Neutralisation qui peut aussi se faire par le moyen de *ça* : *les femmes/ça en veut toujours plus.* Ce phénomène apparaît parfois au singulier : *qu'est-ce qu'il en dit/ta femme?.*

L'adjectif connaît la variation masculin/féminin. Mais certaines formes font l'objet de recréations analogiques : *pécuniaire,* senti comme un féminin, donne naissance à *pécunier (des embarras pécuniers), avare,* réinterprété *av-ard,* au féminin *avarde (bizarde, ignarde), partisan* pris comme participe présent permet *partisante...* Ces exemples attestent de la force de la tendance au maintien de l'accord de l'adjectif épithète... Il n'en est pas de même de l'attribut, qui tend à l'invariabilité *(l'homme et la femme ils sont normal* — peut-être aussi régularisation du pluriel), encore renforcée par la présence d'un adverbe comme *très, trop* ou *comme tout (elle est gros comme tout).*

Pourtant, un accord est parfois fait : *c'est elle qui est la mieux habillée, celle qui se lève la plus tard, qu'est-ce qu'elle est belle en verte, elle est habillée courte, j'ai toujours marché droite...*

On ne s'étonnera pas que l'accord du participe passé avec *avoir,* pratiquement abandonné à l'oral depuis fort longtemps, ne soit pas respecté *(les choses qu'on s'est dit).* Mais il s'agit là d'une caractéristique de tout oral, nullement d'un trait propre au français populaire. L'existence de quelques accords *(je l'ai faite partir)* avec *faire* ne suffit pas à inverser cette tendance à l'invariabilité.

L'accord de la personne se fait en français populaire à la troisième personne : *lui et moi sont d'accord,* mais on lui préfère le détachement : *lui et moi/on est tombés d'accord.* La coordination entre un pronom et un groupe nominal s'exprime souvent sans *et : nous deux mon chien,* ou *moi avec mon chien.*

L'accord entre sujet et verbe est respecté, à deux ordres d'exceptions près : l'accord sémantique (mise au pluriel d'un sujet grammaticalement singulier mais désignant un groupe de personnes, comme *tout le monde sont venus),* et l'accord séquentiel (accord avec l'élément précédant immédiatement le verbe, quelle que soit sa fonction, surtout à l'écrit); mais ces traits ne sont pas spécifiquement populaires.

4. Les déterminants. — Ils sont en principe obligatoires dans le groupe nominal, dans la plupart des positions. Mais ils sont en français populaire parfois omis, ou ajoutés dans une position qui ne les requiert pas : *logement/c'est important, elle avait pas assez de l'eau, je bois pas de l'eau* (calqué sur la forme positive). Des formes de composition imitées du style publicitaire sont également dépourvues d'article : *faire un lavage auto.* Il arrive aussi que la contraction entre préposition et article ne soit pas effectuée : *j'ai été avec elle à le logement,* ou que des accommodations entre préposition et article, obligatoires en langue standard, ne soient pas respectées : *je voulais avoir l'avis de d'autres docteurs.*

Une autre particularité concernant l'article est l'emploi du partitif pour des noms comptables : *vous avez vu du client aujourd'hui?,* ou avec un nom propre : *ça/c'est bien du Pierre.*

Certains déterminants, sortes d'articles complexes, permettent d'exprimer la quantité : *plein de, tout plein de, pas mal de, des tas de, des masses de, des kilos, des tonnes, des tapées, une floppée, une chiée...* On peut aussi ajouter un segment après le nom : *quarante balais et le pouce, trois heures et des poussières.* Ces différents augmentatifs ne vont pas sans une intonation particulière : *tu as de ces questions!, il a une de ces faims!.*

Le possessif connaît souvent des formes renforcées : *la sienne d'auto, c'est le sien à lui, il le connaît le sien lui de métier.* La forme simple a des emplois spécifiques, comme dans *il trompe son monde, elle fait sa maline, tu la veux/ta fessée?.* Et les démonstratifs sont souvent renforcés : *cet idiot-là.*

5. **L'adjectif.** — Il existe des emplois d'adjectifs antéposés au nom, qui sont exclusivement péjoratifs, au point d'avoir relégué l'usage ordinaire dans la postposition : *fichu, foutu, sale, sacré (fichu métier, sacré crétin).*

Il y a une tendance à ce que les exceptions au comparatif *(meilleur, mieux* et *pire)* soient ramenées au fonctionnement général, comme application de la tendance à réduire les irrégularités. Plutôt que *plus bon,* qui est rare, on entend *plus pire, plus mieux (que)* et, en emploi adverbial, *davantage que* (ou *comme)* pour *plus que.*

Le superlatif absolu peut être exprimé par des formes qui concurrencent *très* : *il est fin prêt, elle est tout plein gentille, il est rien bête, il est tout chose, elle est tout ce qu'il y a de plus élégante,* ou par des augmentatifs ou des formes d'insistance propres à l'oral, qui supposent toutes un schéma intonatif spécifique : *une vache d'allure, c'est pas joli joli, il est bête/mais bête, elle lui en a donné une bonne/mais alors une bonne, il est bête/ce qui s'appelle bête, il est con faut voir comme...* La plupart de ces formes sont posposées à l'adjectif, ce qui, selon l'ordre progressif, leur procure les meilleures chances de s'imposer. On peut en rapprocher les comparaisons superlatives, rituelles mais spécifiques à un adjectif *(con comme un manche, heureux comme un pou, rond comme une bille...).* La comparaison ordinaire peut s'exprimer avec l'adjectif *pareil,* qui peut être construit de façon directe ou avec *comme* : *pareil le gros, pareil comme lui.*

III. — Les pronoms[5]

Ceux-ci constituent une zone délicate de la morphologie du français, car ils sont un lieu de confrontation entre la logique synthétique du latin plus ou moins conservée en ancien français, et le passage à une logique analytique dans le français moderne, encore accentuée dans l'usage populaire. Le système des pronoms est très fourni, dans la mesure où les formes reflètent la plupart du temps les fonctions, et varient en genre et en nombre pour la troisième personne. Trop fourni, semblent penser les locuteurs : l'évolution se fait en direction d'une réduction.

---

5. Nous avons rencontré ici un problème, car les pronoms mettent en jeu une dimension autant syntaxique que morphologique. Nous avons finalement préféré traiter tout en un même endroit, au détriment de la cohérence organisationnelle du chapitre.

1. **Variabilité phonétique.** — Les pronoms sont toujours brefs, et ils sont particulièrement le lieu d'instabilités phonétiques, avec un nombre de variantes quelquefois important.

Pour les sujets : *je,* dont le *e* muet s'élide, devient [ʃ] devant consonne sourde; *tu* peut devenir [t] devant voyelle *(t'arrives)*; devant consonne, *il* peut devenir [i], de même que *elle* être prononcé sans [l], ou même [a], qui est connoté plus populaire; devant voyelle, *il* peut aussi se réduire à [l] *(l'est pas venu),* de même que quelquefois *elle*; *nous* et *vous* peuvent se réduire à [z] devant voyelle, ainsi d'ailleurs que *ils* et *elles*; *ils* et *elles* peuvent aussi perdre leur [l], qu'il y ait ou non [z] de liaison.

Me, te, se, le, et *la* ont une forme élidée, comme dans l'usage normé, mais c'est *lui* qui connaît les plus nombreuses variantes, selon son environnement : [lɥi], [ɥi], [ɥ], [i], [j], [ij], [ɥij], [ɥizi], [ɥizj], [ɥizij], [lɥiz], [lɥizij] *(je lui z y ai mis un marron,* pour la forme la plus longue); enfin, il peut aussi être omis. *Leur* connaît aussi plusieurs formes : [lœrz] et [lœrzi]. Les formes *moi* et *toi* ont aussi des variantes [ma] et [ta], comme dans [kestata] pour *qu'est-ce que tu as toi?*.

Enfin, une particularité des clitiques est la possibilité de prononcer certains d'entre eux en géminée : [immdi], [tylladi], [vunnavedot], dans des contextes où ils sont seuls *(il me dit, tu l'as dit, vous en avez d'autres).* Aucune bonne explication de ces géminations n'a été proposée pour le moment, car nul ne sait pourquoi l'analogie ne jouerait que dans certains cas.

Les pronoms non clitiques ont aussi fréquemment plusieurs formes : *celui* se prononce [sɥi] ou [si], et *ce* et *cette,* [stœ] ou [stø]; quant à *qui,* son [i] se voit la plupart du temps élidé devant voyelle *(la première qu'a fini),* et il a souvent la forme [kij].

2. Les formes développées. — Les pronoms français varient selon les positions et les rôles syntaxiques, et les positions fortes (après prépositions ou en détachement) connaissent des formes phonétiques moins fragiles : *moi, toi, lui, eux. Nous* et *vous,* qui n'ont pas de forme accentuée distincte de la forme liée, ont vu se créer en français populaire et dans certains usages régionaux les formes renforcées *nous autres* et *vous autres,* prononcées [nuzot] et [vuzot]. La troisième personne du pluriel connaît aussi la forme *eux autres* ([øzot]), à côté d'une autre forme renforcée *eusses,* surtout en détachement.

Il existe de nombreuses autres formes fortes de remplacement des pronoms, formées par suffixation des pronoms existants, et ayant pour effet syntaxique un quasi-passage au groupe nominal. Elles sont d'origine argotique, mais se sont généralisées dans l'usage populaire.

Certaines apparaissent aux trois personnes : *mézigue, tézigue, cézigue, cézig, sézig,* ou *sézigue, mon (ton, son) gniasse (gnasse)*[6]. *Cézigue* a la particularité de permettre un effet syntaxique avec un adjectif *(cézigue pas clair, cézigue pourri, cézigue vicieux, cézigue pâteux...).* D'autres sont réservées à la troisième personne : *ducon, duconno, duconnoso, duconnosof, duchnoque,* qui peuvent aussi s'employer en adresse.

Mais c'est la première personne (et, dans une moindre mesure la deuxième — soit les pronoms de dialogue)[7] qui a comporté historiquement le plus de variantes : *mézis, mézigo, mézère, mézière, mézingaud, mécolle (mécol), mécolzingue, loimique* (lou-

6. Les noms *zigue (zig), gnasse, gnière* et *gniard* proviennent de *mézigue, moniasse, monière* et *moniard,* avec pour les derniers palatalisation de *ni,* puis autonomisation du suffixe.

7. De même à l'heure actuelle dans le verlan des banlieues, seules parmi les pronoms, les formes fortes du dialogue sont susceptibles d'être verlanisées : *oim* et *oit.*

cherbem), *ma pomme, ma gueule, mes gants*[8], *Bibi,* ou *Bibi Lolo,* suivis du verbe à la troisième personne : *qui c'est qui va nettoyer? comme d'habitude/Bibi Lolo; les emmerdes/c'est toujours pour ma gueule.* Les formes de pluriel sont plus rares : on n'a guère que *nozigues,* et, dans les textes anciens, *vouzailles* et *vozières.*

Sur l'ensemble de ces formes, bien attestées dans la littérature encore récente (par exemple chez Simonin), on se demandera dans quelle mesure elles sont vraiment vivantes : nous n'avons pu en recueillir qu'assez peu d'occurrences orales (surtout *mézigue*).

3. **Tendance à la disparition des formes antéposées au verbe.** — Dans la généralisation de la séquence progressive du français moderne, tout élément apparaissant entre le sujet et le verbe se trouve fragilisé et tend à être éliminé. C'est le cas des clitiques préposés, qui sont affectés de deux manières :

— tendance à la disparition, surtout dans une succession de clitiques, et surtout pour l'objet : *on lui a demandé ses papiers/elle avait pas sur elle, les verres en cristal/je l'achète mais je me sers pas, il a toujours abusé de la parole/il fallait lui couper. En* et *y* sont rares, et les séquences *le + en* inexistantes. Les séquences de deux ou trois clitiques (ou davantage) ne s'entendent pratiquement pas;

— extension de formes qui permettent de rétablir l'ordre canonique : *ça,* toujours postposé en position autre que sujet (*je lui raconterai ça* plutôt que *je le lui raconterai*), et des formes développées comparables à des démonstratifs (*je viens de là-bas* plutôt que *j'en viens*).

On sait qu'une curiosité du français est la différence dans l'ordre de succession des pronoms entre

8. Formations ironiques sur le modèle de *votre (sa) grandeur.*

il me le dit et *il le lui dit*. A supposer qu'il conserve tous les pronoms, le français populaire peut abolir la distinction entre les personnes, car la séquence *il lui zi dit*, où *zi* représente *le*, reproduit l'ordre de *il me le dit*.

Il est pourtant une catégorie de clitiques dont les emplois vont à l'encontre de la disparition des formes antéposées : ce sont les « pronoms éthiques ». On désigne ainsi les pronoms *moi, se* ou *te* dans les séquences : *regarde-moi ça!, alors/quand c'est qu'on se le bouffe/ce canard?, je te lui ai flanqué une de ces baffes!*. Très fréquents dans le Midi, ils s'entendent aussi à Paris.

4. **Les pronoms après l'impératif.** — A l'impératif, l'ordre normé des pronoms reproduit non l'ordre des clitiques, mais celui des compléments dans une phrase simple *(dis-le-moi,* en face de *il me le dit),* alors que la forme négative retrouve l'antéposition *(ne me le dis pas).* Le français populaire tend à abolir cette série de distinctions, et postpose toujours les pronoms : *dis moi-le, dis-moi-le pas. Le* est alors souvent simplement omis *(donne-moi),* ou remplacé par *ça.* L'ordre est, quoi qu'il en soit, plus souple que dans la langue normée : *tiens-y-toi* ou *tiens-toi-z-y.* Les seules exceptions à la postposition sont *la ferme!* (aussi *ferme-la*), et *t'occupe! (occupe-toi* n'a pas le même sens, et *t'occupe* doit plutôt être rapproché de *occupe-toi pas).*

Une autre spécificité, que l'on relève par exemple dans *donne-moi-z-en,* là où le français normé dit *donne m'en,* est constituée par les formes *z-en* et *z-y,* qui apparaissent systématiquement après *moi* et *toi,* facultativement après *lui* et *leur.* On s'est beaucoup interrogé sur ce *z-,* où certains ont voulu voir une liaison. La meilleure hypothèse est qu'il s'agit de variantes de *en* et *y* réservées à cette position, qui apparaissent d'ailleurs en langue normée quand *en* ou *y* sont seuls (*donnes-en,* où seules les exigences orthographiques calquées sans qu'on l'admette sur la prononciation ont pu doter l'impératif d'un *-s* graphique). Une souplesse plus grande dans l'ordre des mots permet aussi *donne-z-en moi.*

5. **Ça.** — On donne généralement *ça* comme un équivalent familier ou populaire de *cela,* mais il n'en est rien, car certains de ses emplois ne permettent guère l'équivalence. Si l'on tient compte de la relation avec *c'* en position sujet, on peut formuler la règle d'alternance dans l'usage populaire de la façon suivante : *ça* devant consonne et *c'* devant voyelle pour l'auxiliaire *être, ça* partout ailleurs : *et pour vous/qu'est-ce que ça sera?, ça craint, ça barde, ça gaze, et que ça saute, ça baigne, ça y est, ça fait rien, ça urge, ça va chier...*

Un grand avantage discursif de *ça* est de permettre à des séquences variées de fonctionner comme sujet. Outre la reprise nominale *(les voitures/ça m'a franchement passé),* c'est le cas pour les complétives, qui sont tellement lourdes en sujet qu'on les évite la plupart du temps *(ça arrive/qu'il pleut, qu'il pleuve/ça arrive),* et c'est aussi le cas pour des groupes qui ne devraient pas pouvoir être sujets : *quand on sait pas lire/ça empêche pas d'être heureux.*

Pour les pronoms d'adresse, le tutoiement réciproque est plus fréquent en français populaire, mais toujours un peu plus rare chez les femmes que chez les hommes.

Les pronoms relatifs et interrogatifs, qui présentent également des spécificités (ils sont, comme les pronoms personnels, des monstres dans la syntaxe du français), seront abordés avec le traitement syntaxique de ces questions.

Chapitre IV

SYNTAXE DE LA PHRASE SIMPLE

I. — Les tendances de la syntaxe

Après avoir souligné que l'oral se présente en séquences qui ne se réduisent que rarement à des phrases, on se demandera s'il est possible d'énoncer des tendances de la syntaxe du français populaire : s'agit-il d'emplois fautifs de constructions existant dans le français standard? d'un usage limité de la palette des formes offertes (avec, en conséquence, un effet de monotonie et de répétitivité)? de constructions différentes instituant un système différent? de normes d'utilisation différentes d'un même système? d'une instabilité générale des formes?

Encore une fois, français populaire et français standard constituent bien la même langue, et la majorité des phénomènes linguistiques leur est commune. C'est particulièrement le cas en syntaxe, où fort peu de phénomènes peuvent être dits typiquement populaires. Cependant, si toutes les formes ne sont pas susceptibles de variation (l'essentiel de la structure de la langue est commun), il peut être fait une exploitation différente des mêmes ressources.

Nous éviterons donc de concevoir un « décalage » entre usages, qui aurait l'inconvénient d'imposer l'idée que l'un des usages est fondamental, et les autres marginaux, conception qui ne peut se défendre que dans une perspective normative. Elle peut de plus difficilement échapper à un préjugé logiciste selon lequel toute relation logique a une contre-partie linguistique explicite, avec le soupçon qu'une relation qui reste implicite ou qui n'est exprimée que par la prosodie mal prise en compte, n'est ni conçue ni perçue.

Nous ne reviendrons pas sur les traits de l'oral en général, qui à ce titre n'ont rien de spécifiquement populaire : les structures inachevées, les interruptions, les reprises, les répétitions, les ruptures, les lapsus, les hésitations... Comme en morphologie, les tendances sont à la séquence progressive et à un ordre des mots fixes, à l'analycité et à l'invariabilité; de plus, l'instabilité se manifeste par la contamination entre formes, comme dans : *y a de quoi s'en faire du souci* (sans aucune pause), croisement de *s'en faire* et de *se faire du souci*.

II. — La structure de la phrase simple

Comme pour toutes les études de phénomènes oraux, la séquence fondamentale ne correspond généralement pas à ce que l'on entend par « phrase » à l'écrit. Il faut donc se passer de cette catégorie, d'autant moins adéquate que doit être prise en compte une dimension qui n'existe pas à l'écrit, la prosodie sans laquelle de nombreux énoncés sont ininterprétables. On ne peut donc s'appuyer que sur le verbe, auquel le degré d'attachement des éléments qu'il requiert peut être plus ou moins fort. Un lien étroit permet le détachement en *c'est... que*; la prosodie joue un rôle important pour distinguer entre différents types : on opposera, dans *sans argent j'étais dehors,* une montée de la voix sur *argent* (« si je n'avais pas eu d'argent »), et une descente sur le même mot (« je n'avais pas d'argent »).

1. **Le groupe sujet.** — L'un des éléments de la construction du verbe a un statut tel qu'on doit le traiter dans la phrase de base : c'est le sujet, pratiquement obligatoire en français.

On trouve presque toujours un pronom après le nom à la troisième personne *(mon père/il a dit)*, et même derrière un pronom personnel ou démonstratif *(moi/je..., celle-là/elle est restée un mois)*. On formulera la règle : seule expression de la personne (étant donné la similitude entre singulier et pluriel pour la plupart des formes verbales, surtout au présent), le clitique sujet est en passe de devenir obligatoire, qu'il soit ou non précédé d'un groupe nominal. Il tend donc à devenir un préfixe verbal.

Les formes des première et deuxième personnes du pluriel comportant une désinence spécifique, ce n'est pas le cas que le pronom sujet y soit seule marque de la personne. Mais justement, *nous* tend à rejoindre les quatre autres personnes, avec la concurrence que lui fait *on (nous/on chante)*. Et peut-être peut-on prédire un moment où seul *vous* fera exception à la règle d'absence de suffixe de personne dans le verbe français.

Comme le sujet est senti comme indispensable, il n'est que rarement affecté de disparition. Seulement deux exceptions : l'impersonnel *il* peut être supprimé devant *faut, y a, s'agit de, paraît, suffit, vaut mieux,* mais jamais devant *pleut*, où par contre il peut être remplacé par *ça* (mais pas *cela*); la plupart du temps, le remplacement de *il* par *ça* n'est possible que quand la suppression ne l'est pas *(ça semble)*. L'autre exception est limitée à certaines expressions négatives à la première personne du singulier, sans *ne* naturellement : *sais pas, connais pas, crois pas.*

Les sujets nominaux sont dans une séquence parlée beaucoup moins nombreux que les sujets pronominaux. De plus, des contraintes pèsent sur eux, et certains déterminants tendent à être exclus de la position sujet. Il existe d'ailleurs des procédés qui permettent d'éviter d'ouvrir une phrase avec ces groupes, spécialement en début de prise de parole : *y a de l'eau qui coule* (plutôt que *de l'eau coule*), *quand il vient des filles* (plutôt que *des filles viennent*), *c'est pas ici qu'il va mourir des gens de faim.*

2. **Constructions verbales.** — Les verbes transitifs directs sont loin d'être les plus nombreux en français, mais il y a, sous différentes pressions, une tendance à étendre les constructions sans préposition, ce qui semble aller à l'encontre de la tendance à l'analycité, qui au contraire multiplie les prépositions. Mais on peut faire l'hypothèse que les locuteurs feraient une distinction entre des énoncés ne faisant qu'exprimer un lien vague, que l'on ne sent pas l'intérêt de préciser (sans préposition), et d'autres qui nécessitent d'être plus précis, et exigent une préposition. Ainsi : *vous descendez le prochain arrêt, les enfants ont droit l'école.* D'autres structures nous conduiront à préciser cette opposition entre relation vague et relation précise dictée par les nécessités de la communication.

Certaines structures semblent favoriser la construction directe, alors que les verbes qui y entrent se construisent par ailleurs de façon indirecte : *suivant ce que j'ai besoin, c'est ce que je me suis rendu compte, y a qu'une chose qu'on était d'accord, ça dépend ce que vous prenez comme taille, qu'est-ce que tu veux que je vienne demain?, occasions à profiter, j'ai encore une chose à t'embêter.* Il n'est cependant pas automatique qu'en dehors de ces structures particulières, le locuteur puisse utiliser ces verbes transitivement : si l'on a bien *ça dépend la taille,* on ne trouve jamais **j'ai besoin ça.*

Enfin, on trouve des verbes construits avec une

préposition, pour lesquels l'ensemble verbe + préposition semble fonctionner comme un verbe transitif seul : *j'en ai tant couché avec/d'hommes* (comparer *couché avec* et *connu*). Et les schémas de construction se simplifient encore quand un verbe transitif est employé de façon absolue : *ce type/il a vraiment reçu.*

Cependant, on voit aussi apparaître une préposition dans des cas où le français standard n'en mettrait pas. Cela concerne plus particulièrement la préposition *de (quitter d'ici* — analogie avec *partir?*). Pour le verbe *se rappeler,* fréquemment construit avec *de,* on comprend que la difficulté à l'utiliser avec un pronom antéposé puisse favoriser son utilisation au régime indirect.

3. Quelques particularités des prépositions. — La préposition *de* connaît des emplois qui permettent d'opposer un lien sans préposition à un lien qui en comporte une : *j'ai une chambre de libre, en avoir de trop, j'ai mon père de malade, j'étais seule de femme,* ..., et des emplois de transposition, prononcés sans pause du tout : *saloperie de métier, c'est le mien de chapeau, lequel de bouquin, aller son petit bonhomme de chemin, j'en ai trois de gilets...*

Il existe des emplois de prépositions dits populaires[1], qui soit obéissent à des schémas assez instables : *ils ont pas droit de l'école, il a pas le droit de plus, c'est dégueulasse pour faire ça, il a pas fini pour payer...,* soit au contraire sont très répandus, voire systématiques chez certains locuteurs : *la belle-fille à mon frère* (mais forme irremplaçable dans *la faute à qui?*), *aller au docteur, je cherche après Titine, elle a cousu le badge après la manche, j'ai*

---

1. C'est d'ailleurs une rubrique fréquente des répertoires de fautes : « quelle préposition faut-il utiliser ? » et spécialement : *de* ou *à* ?

lu sur le journal, avoir des souliers dans les pieds.
La norme a ainsi imposé une distinction parmi les
doublets dont une forme est dite correcte *(causer
avec),* et l'autre pas *(causer à).*

On constate aussi des extensions d'emploi, surtout
avec les prépositions *pour (je viens pour le gaz, un
bateau c'est pour aller sur l'eau), comme (qu'est-ce
qu'elle est belle comme voiture!, qu'est-ce que
c'est/comme fruit?),* et *avec (tu as pas bientôt fini
avec la salle de bain?, avec cette voiture/je peux
jamais la garer, la barbe avec cette histoire).*

Il existe un usage, au départ régional, mais désormais senti comme populaire, en voie d'extension au
discours familier. Ce sont des emplois de prépositions isolées, que les grammairiens qualifient d'emploi
« adverbial » : *ça va avec* (généralement limité aux
inanimés, mais que l'on trouve aussi avec un animé
— *ce genre de gens/je refuse de travailler avec* —),
*je l'ai mis autour, je suis pas doué pour, je sors
jamais sans, il lui court après.* Seules certaines prépositions sont susceptibles d'un tel emploi, dont on
verra les ressources dans les détachements et les relatives. Les prépositions de lieu ont une forme particulière adaptée à cet emploi : *dessus, dessous, dedans,
dehors,* à côté de *sur, sous, dans, hors de...* Mais
des positions qui réclament la forme faible se voient
parfois occupées par la forme forte : *il est dedans
l'armoire,* et certains verbes ne permettent pas le cor-
respondant faible : *il passe son temps à lui gueuler
dessus.*

On sait qu'il y a fort peu de créations de termes
grammaticaux. Mais les prépositions, comme les conjonctions, en fournissent quelques exemples. A côté
de la quarantaine de prépositions simples et de la
centaine de locutions prépositives du français
commun, il y a des prépositions populaires, familières ou argotiques, qui remplacent une préposition

existante, ou viennent remplir un trou du système : *bicause* (ou *biscotte*) pour « à cause de » *(bicause cette combine)*[2], *rasibus (rasibus les oreilles), tandis,* en analogie avec *tandis que (tandis le bain de la petite), auparavant de, à part de.* Les nombreuses formations à base nominale ne constituent rien d'étranger au système, puisque telle est la source de prépositions héréditaires, comme *chez.* Les unes sont directes : *point de vue, côté, genre, style, esprit,* les autres indirectes : *histoire de, rapport à; question* se construit des deux façons selon la nature du complément : *question pinard,* ou *question de rigoler.*

Certaines de ces créations sont des effets de l'analogie, étendant la correspondance entre préposition et conjonction : on forme une conjonction par l'ajout de *que* à une préposition. Ainsi s'explique le fameux *malgré que* condamné par la norme : il ne fait pourtant que rétablir le parallèle (on forme la préposition sur la conjonction, et inversement).

La norme s'amuse de l'inflation en situation de surveillance (par exemple à l'écrit) de prépositions spécialisées, longues ou maladroites : *suite à, par rapport à, au niveau de, en fonction de, vis-à-vis... (par rapport à votre déclaration d'impôts, en fonction de la mort de votre père, vis-à-vis le témoin...)* On les donne comme prétentieuses, typiques du style « gendarme », reproduction enflée du style administratif.

III. — Les détachements

On considère ici tous les énoncés dont la forme n'est pas analysable en un schéma sujet-verbe-objet : on regroupe donc sous ce terme un certain nombre de structures typiques de l'oral, qui échappent à

---

2. Aussi utilisé comme conjonction : *bicause il est pas d'accord.*

l'ordre des mots canoniques, tout en relevant de plusieurs types.

1. **L'inversion.** — Elle consiste à antéposer ou à postposer un élément qui n'occupe pas cette position, en des structures fréquentes malgré le bouleversement qu'elles apportent à l'ordre des mots. Elle peut ne détacher qu'un seul élément : *très chic/ce type,* ou bien inverser plusieurs des termes de l'énoncé : *jamais/comme ça/j'ai eu mal.* Dans les deux cas, la séquence qui comporte le verbe peut être ou n'être pas précédée de *que,* qui constitue ici une sorte de démarcation forte soulignant l'inversion : *pas un mot/elle comprend, trois enfants/qu'il a.*

Tous ces exemples supposent une intonation particulière (accent sur chaque groupe, et pause forte entre eux, sans continuité dans la courbe intonative). Cette structure possède une grande souplesse, et peut entraîner des modifications mineures : *même pas de quoi ranger/j'ai eu comme temps.*

2. **La dislocation avant ou après, avec reprise.** — Tous les noms, quelle que soit leur fonction dans la séquence, peuvent être détachés. L'apparition d'un clitique de reprise a pour effet de corriger partiellement le bouleversement de l'ordre des mots, et de préciser la fonction qui n'est plus exprimée par la position.

On mettra à part le détachement du sujet, fréquent, car il conduit à une figure généralement considérée comme redondante (alors qu'elle est dictée par la disparition de la désinence dans la conjugaison), mais qui ne bouleverse pas l'ordre des mots. Certains cas d'insistance détachent un nom sujet à la fois avant et après *(les mécanos/ils en ont ras le bol les mécanos).* Une reprise en *ça* accentue l'indépendance de l'élément détaché par rapport au reste de la séquence *(les femmes/ça en fait qu'à sa tête).*

On trouve également beaucoup de détachements concernant les autres fonctions : *tu sais/le chien de la voisine/mort/ils l'ont trouvé.* La tendance à éliminer les éléments préposés au verbe (donc les clitiques) peut conduire avec quelques verbes assez peu nombreux à préférer le pronom *ça* pour les inanimés génériques, et même l'absence de reprise : *la mécanique/j'aime ça, le bricolage/je connais.* Il arrive qu'il n'y ait qu'un rapport sémantique entre le nom détaché et sa reprise *(cette équipe/je vais les mater).* Le nom détaché est souvent introduit par *de,* et en ce cas la reprise se fait par l'intermédiaire de *en :* *j'en ai un beau/de chat.*

La reprise peut être assurée par un possessif *(ce gars/je connais sa femme),* ou par une forme complexe *(ces appareils/j'en ai jamais vu de pareils)*; elle semble aussi pouvoir l'être par les prépositions susceptibles d'apparaître seules *(la pizza/le four/elle rentre pas dedans),* mais c'est en fait dans la mesure où elles autorisent l'ellipse d'un pronom de reprise. Plusieurs éléments nominaux peuvent être détachés dans la même séquence, en ce cas généralement avant, entraînant d'apparentes difficultés de compréhension qui de fait n'existent pas en situation : *Jacqueline/sa mère/la bonne/elle la lui refile.*

La plupart des formes permettent aussi bien le détachement avant qu'après, et une même séquence peut comporter les deux *(ton père/il faut qu'il apprenne à s'en servir/de son appareil),* mais la dislocation avant est plus fréquente, à la fois moins contrainte et plus adaptée à la mise en relief du thème de l'énoncé.

3. **Les structures à présentatif.** — Nous entendons par là des structures qui modifient l'ordre des mots par l'intermédiaire d'un élément initial, le présentatif. Certains présentatifs sont réservés au détachement de

catégories particulières de compléments (comme *y a* et *voilà* pour le sujet et le complément de temps, et *ça fait* réservé aux compléments d'objet et de temps), d'autres enfin sont polyvalents, s'appliquant à toutes les fonctions *(c'est).*

La deuxième partie de la séquence est généralement précédée de *que* ou *qui (c'est quand même trois ans qu'elle est partie, y a personne qui peut le faire, ça fait trois bus que je rate, j'ai mon père qui est malade, voilà ce type qui se ramène, tu parles d'une bordée d'injures qu'il a lâchée).* On peut montrer qu'ils n'introduisent pas une vraie subordonnée, car l'élément introducteur peut être suivi du même verbe à la forme négative : *j'ai encore un formulaire que j'ai pas, y a quand même des livres qu'y a pas chez toi.* Aussi, pour certaines formes, *que* peut-il être omis et remplacé par une pause : *y a des garçons/ils ont mauvais caractère ;* il existe aussi des formes sans *que (j'ai mon père de malade, où tu as ta femme ?).*

Avec les pronoms de première et deuxième personnes, l'accord se fait souvent à la troisième personne : *c'est moi qui est, c'est moi qui a,* parfois même au pluriel : *c'est nous qui sont.*

Ces détachements se doublent fréquemment de pseudo-clivages : *la seule chose/c'est que le gros/il l'a pas à la bonne, y a un truc bizarre/c'est qu'il est bleu, ce qu'on s'est aperçu/c'est qu'ils ont vraiment fait le minimum.*

4. **Les énoncés binaires.** — On appelle ainsi des séquences où un élément nominal est extrait en tête de phrase, sans reprise, avec une relation au reste de la séquence qui, n'étant pas indiquée par la syntaxe, demeure vague et spécifique à chaque cas : *un débutant/la peur elle est totale, la cantine/y'a rien à redire, le boulot/on se plaint pas.* Le deuxième élé-

ment n'est pas nécessairement phrastique : *Paris/bof, ça/pas question, moi/zéro, le mec/la frime...*

Ces structures, fréquentes à l'oral, peuvent cumuler différents détachements tant que la compréhension n'est pas en cause : *Jean/son vélo/le guidon/c'est le chrome qui est parti.* Le pronom *ça* favorise cette relation sans lien grammatical explicite : *au quinté + /quand tu gagnes/ça déforme les poches.* Un point commun à toutes ces séquences est le rôle qu'y joue le rythme : il est la plupart du temps binaire, avec les segments ordonnés selon une longueur et un poids progressifs *(tu sais/la gare/la barrière/je cours pas/je passe par-dessus).* Il faut donc ici reconnaître au rythme et à l'intonation une dimension d'organisation syntaxique.

IV. — Les formes de phrases

1. **La négation.** — Le français se distingue des autres langues romanes par sa négation à deux éléments : *ne... pas, jamais, plus, rien, personne...* Le deuxième élément est d'introduction tardive; il n'était au départ qu'emphatique, mais a fini par porter, pour les locuteurs, la valeur négative.

Le français populaire, sentant *pas* comme suffisant à exprimer la négation, omet *ne,* comme le font tous les usages familiers. C'est une forme extrêmement instable, et il n'est pas de locuteur pour l'omettre toujours, ni pour l'employer toujours, le pourcentage de réalisation variant selon le locuteur et la situation. Les facteurs favorisant l'omission sont très puissants, car la négation est alors dans son entier postposée au verbe, ce qui correspond à la logique suffixale du français moderne, et est soutenu par la tendance à éliminer ce qui intervient entre le sujet et le verbe.

La langue populaire crée des formes emphatiques

pour exprimer la négation, sujettes à un renouvellement rapide devant l'affadissement qui les menace : pour dire le néant, elles exposent l'insignifiance. Les unes comportent *pas* suivi de *un clou, un radis, un flèche, un pet de lapin, tripette,* les autres le remplacent, sans *ne* bien entendu : *des clous, des nèfles, que dalle, peau de balle, la peau, lap, balpeau, nib, peau de zébi, la tringle, des clopes, des clopinettes, des prunes, des queues de cerise, que dalle, que pouic, que couic...*

Les formules de réponse négative connaissent également des formes autres que *non* : *que dalle, pas question, zéro, rideau, nix, macache bono, ouallou, quand les poules auront des dents, tu m'as pas regardé, tu peux te fouiller (brosser, gratter), et ta soeur?, et mon cul/c'est du poulet?, à d'autres, pas de ça Lisette, penses-tu...;* d'autres mettent en jeu des parties du corps, pas n'importe lesquelles : *mon cul, mes fesses, mes burnes, mon œil.* Ces formules sont toutes plus ou moins ironiques, et chacune apporte une nuance spécifique.

Comme *pas* est regardé comme la négation par excellence, il arrive qu'on le trouve accompagnant une autre négation : *ayant pas encore rien reçu, j'ai pas obtenu aucun résultat...* Ces doubles négations par hypercorrection ne possèdent pas de valeur sémantique positive. De même n'ont pas nécessairement valeur positive les doubles négations que l'on tendrait à interpréter ainsi en français normé : *je voudrais pas partir sans laisser ma mère toute seule* (le locuteur voulait clairement dire : « je veux pas la laisser seule »). Mais *j'ai pas rien fait* peut aussi signifier « j'ai fait quelque chose ». L'attribution de la signification peut aussi être délicate quand la négation accompagne des quantificateurs : *tout le monde est pas là* (= personne), *tous les ordinateurs sont pas beaux* (= aucun).

On notera enfin qu'il peut y avoir des variations sur la place occupée par la négation par rapport aux différents éléments de la séquence : *ils vont pas venir dans longtemps* (= dans peu de temps), *on s'étonne de plus rien, j'ai rien eu le temps de faire, faut que je lui retire pas* (ordre des mots d'une phrase simple).

2. L'interrogation.

— Le système français de l'interrogation est fourni et complexe, il repose sur l'exploitation de deux types et trois modes. Les deux types concernent la distinction entre interrogation totale (qui attend une réponse en *oui/non* et porte sur l'ensemble de la phrase) et interrogation partielle (introduite par un pronom ou adverbe interrogatif, et dont la réponse est constituée par un groupe nominal). Les trois modes sont à l'œuvre dans chacun des deux types : interrogation par inversion, interrogation par *est-ce que?* et interrogation par intonation.

L'interrogation par inversion est le mode héréditaire. Mais elle comporte le grave inconvénient, pour le français moderne, de ne pas respecter l'ordre sujet-verbe-objet, et elle est désormais presque réservée à l'écrit ou à des emplois figés. Le français populaire l'ignore presque totalement. Ou bien, l'inversion n'étant pas sentie comme suffisant à constituer une interrogation, elle donne lieu à des hypercorrections par redondance avec *est-ce que : est-ce que vient-il?, est-ce que le schmilblick est-il vert?*.

Le français populaire a créé une particule interrogative, le suffixe *-ti*[3]. Il a son origine dans l'inversion en *t-il,* dans laquelle le [l] ne se prononçait pas, mais il s'est par la suite appliqué à toutes les personnes et à tous les types d'interrogation : *tu veux ti?, il vient ti?, pourquoi vous êtes ti sortis?*. Combattues par l'école et tournées en ridicule, ces formes

---

3. Il n'y a aucune raison de la noter *t'y,* comme on le fait souvent.

ont de nos jours à peu près disparu de l'usage urbain réel de France[4]. Ce n'est guère qu'à titre de stéréotype qu'on continue à les trouver dans l'écrit reproduisant du langage populaire. Elles avaient pourtant l'avantage de conserver la séquence progressive (sujet avant le verbe), de faire figurer un morphème accentué en fin de séquence, et de permettre un système d'opposition simple et homogène entre les formes assertive, négative et interrogative : *tu viens, tu viens pas, tu viens ti?* N'en demeurent guère de nos jours que quelques traces, comme la forme populaire *c'est ti que tu as pas lu le journal?,* avec nuance d'incrédulité.

Le désir d'éviter l'inversion et le goût de la langue parlée pour les tours intensifs ont favorisé la généralisation de la forme *est-ce que,* qui s'applique aussi facilement au type total *(est-ce que tu viens?)* qu'au type partiel *(pourquoi est-ce que tu viens?).* Pourtant, *est-ce que?* est lui-même ressenti comme une inversion, et peut à son tour être converti en une séquence progressive : *pourquoi c'est qu'il vient?.* Le mot interrogatif est ici très généralement devant *est-ce que* ou *c'est,* mais on entend également *il part quand est-ce?* et, par analogie plaisante, *il va où t'est-ce?.*

Le troisième mode, dit par intonation, est lui aussi d'un maniement très simple. Il n'est correctement dénommé que pour l'interrogation totale, où seule l'intonation exhibe le caractère interrogatif *(tu viens?).* Pour les partielles, un élément interrogatif est toujours présent, qui peut apparaître en début ou en fin de séquence *(quand/il part?, il part quand?).*

En langue standard, *quoi* ne peut jamais être en

---

4. Elles ne sont réellement vivantes que dans quelques usages régionaux (ouest de la France), et au Québec.

tête, mais il arrive qu'il le soit dans l'usage populaire : *quoi qu'il y a ?, quoi qu'il dit/ce feignant-là ?,* facilité par la présence de *c'est : c'est quoi qu'il fait ?, quoi c'est qu'il fait ?. Quoi* apparaît aussi quand il y a une difficulté à construire la phrase *(ça pourrait quoi être d'autre ?)*, et connaît un fréquent usage isolé : *de quoi ?, — Pierre ? — oui/quoi ?, — il habite rue du Temple — rue quoi ?,* et on le trouve dans l'interrogation-exclamation *ben quoi ?!*.

Le système est donc relativement complexe, avec de nombreuses formes en concurrence. Mais il est encore possible d'ajouter *c'est* à des formes comportant déjà *est-ce que* ou *c'est que : quand est-ce que c'est qu'il arrive ?, c'est quand est-ce qu'il arrive ?, quand c'est que c'est qu'il arrive ?, c'est quand que c'est qu'il arrive ?*. Comme souvent, *que* peut être omis : *qu'est-ce que c'est vous voulez ?*.

On pourrait être tenté d'interpréter le *que* qui peut suivre l'élément interrogatif comme le produit d'une réduction de *c'est : qui qu'est là ?, comment que tu vas ?, lequel que tu veux ?, quel genre de type que c'est ?,* formes qui font l'objet fréquent de réductions phonétiques : [kikipar], [uskiva], [kestyvø], [kektyvø][5]. Mais nous ne retiendrons pas cette hypothèse, d'abord parce que ces formes peuvent aussi se combiner avec *c'est que (comment que c'est que tu vas ?)*, ensuite parce qu'il nous semble intéressant de généraliser : *que* peut apparaître après tout introducteur de subordonnée, comme nous le verrons pour les relatives et les circonstancielles.

L'interrogation connaît aussi des renforcements : *il part quand ça ?, où ça/il va en vacances ?, comment donc que tu voudrais faire ?, où donc il va ?, qui diable qu'a pu dire ça ?*. L'usage populaire connaît un maniement spécifique de l'interrogation avec dis-

---

5. V. Hugo avait déjà épinglé *kekseksa,* précédant dans le burlesque R. Queneau et son *doukipudonktan.*

jonction : *est-ce que tu viens ou si tu restes ?*. On signalera enfin des formes interrogatives courantes avec *combien : le combien on est ?, on est le combientième ?*.

Les « fausses interrogations », qui ne sont pas des demandes d'information, sont très fréquentes dans l'oral familier et populaire.

3. **L'exclamation et l'impératif.** — C'est une caractéristique de tout oral spontané que la présence de nombreuses exclamations *(tiens !, eh !, voyons !, t'arrête !)* et onomatopées *(zou, beurk, bof, paf...)*, spécialement dans les récits et adresses, qui vont de l'énoncé des noms et prénoms à des formes variées, jusqu'aux injures.

La plupart des tournures exclamatives sont marquées uniquement par l'intonation, l'ordre des mots étant celui de la phrase assertive *(il est malade !, elle est d'une bêtise !)*, ou sont des formes proches de l'interrogation *(quel culot !, que c'est beau !, qu'est-ce que c'est intéressant !)*. Très souvent, le français populaire substitue *ce que* à *que : ce que c'est beau !*. *Comment* permet des exclamations : *et comment !, et comment que ça m'intéresse !*. Le rapport entre exclamation et interrogation se trouve souligné par le fait qu'y est encore vivant le *-ti* qui ne l'est plus dans l'interrogation : *voilà ti pas qu'on s'arrête même à Epinay !*.

L'exclamation comporte aussi quelques formes spécifiques : *mais c'est qu'il serait méchant !, regardez ce qu'elle a l'air !, regarde ce gamin s'il est mignon.*

Plusieurs d'entre elles sont négatives : *que de bêtises il a pas dit !, dans quel état qu'il est pas !*.

D'autres tours exclamatifs sont constitués par des impératifs éventuellement renforcés des adverbes *voir* ou *donc : viens donc, dis donc un peu, dis voir un peu, viens un peu voir,* forme possible avec quelques

verbes seulement, comme *dire, regarder, montrer...*
Voir n'y représente pas le verbe, mais un adverbe
hérité de l'ancien français (« vraiment ») contaminé
par l'infinitif. La combinaison des deux est possible :
dis donc voir, et peut encore se renforcer d'un
pronom éthique : *dis-moi donc voir.*

4. **Autres formes de phrases.** — On rencontre peu
de passifs, ce qui est commun à tout oral. Les formes
à l'infinitif, qui au contraire en comportent de plus
en plus fréquemment, constituent une exception : *les
autoroutes ont du mal à être dégagées* (« on a du
mal à les dégager »). Un caractère constant de ces
formes est la quasi-absence des compléments d'agent.

Certaines mises au passif inattendues confirment
l'extension du domaine de la construction transitive :
un factitif est interprété comme un verbe unique, et
mis au passif : *il a été tellement fait chier par son
adjudant qu'il a déserté.* « Fait chier » est ici réanalysé comme un verbe simple transitif (comparez :
emmerdé).

Quant à l'emphase, elle a été traitée avec le détachement.

CHAPITRE V

SYNTAXE DES PHRASES COMPLEXES

I. — Parataxe, coordination, subordination

L'idée répandue selon laquelle le français populaire se distinguerait du français standard par une plus grande simplicité de ses structures trouve une application privilégiée dans le domaine de la phrase complexe : on y trouverait plus de parataxes que de coordinations, et plus de coordinations que de subordinations. Or, l'observation ne révèle rien de tel. Il est probable que le mythe d'un français populaire caractérisé par une succession de phrases simples trouve son origine dans l'inégalité des situations de rencontre entre locuteurs de statuts sociaux différents.

On observe au contraire des phrases souvent très longues, à la structuration parfois insolite, qui peuvent se complexifier devant les difficultés. Et toujours une grande instabilité des formes.

1. **Le mythe de la simplicité : la parataxe.** — On ne peut percevoir une simplicité des structures qu'en limitant l'étude au plan segmental, sans s'arrêter aux relations complexes que celui-ci entretient avec le plan supra-segmental. Si ce point de vue peut être dominant en grammaire, c'est évidemment parce qu'il est adapté à l'étude de l'écrit, mais il n'y a aucune raison de le maintenir pour l'oral. Ainsi de la séquence parataxique *moi/j'ai faim/je mange*. Sa signification

change selon l'intonation : s'il y a montée de la voix sur *faim,* on entend « chaque fois que j'ai faim », mais s'il y a descente, « j'ai faim maintenant ». La grammaire traditionnelle ne considérerait pas cette séquence comme subordination, pourtant les deux membres verbaux sont bien liés par une relation, d'ordre syntactico-intonatif.

Beaucoup de structures orales supposent ainsi une prosodie spécifique, mettant en jeu l'accentuation, le rythme et l'intonation : aussi bien au niveau des constituants, comme dans *il a eu UNE peur,* qu'au niveau de la structuration de l'énoncé, comme dans *il boit/il est saoul.* Il est donc impossible de ne pas reconnaître à l'intonation un rôle grammatical autonome. Peut-être peut-on aller jusqu'à dire que le lien est d'autant plus fort que le contraste intonatif est plus accusé entre les deux membres ainsi mis en relation.

Une recherche de la catégorie logique reconstructible présente le grave inconvénient de décrire non des segments réalisés, mais « ce qui aurait pu être là ». Que signifie cette quête de catégories absentes, sinon une interprétation en termes de manque? Ainsi, pour l'exemple suivant, suffit-il de constater qu'il n'y a pas expression explicite de la condition? : *encore/elle dit ça et elle en prend soin/je dis pas//mais c'est pas le cas*[1]. Il faut comprendre comment une telle séquence peut exprimer la condition sans la présence de *si* ou d'un équivalent segmental.

2. **L'attachement des séquences.** — Une autre idée préconçue fait état d'un plus grand nombre d'attachements que de subordinations, mais elle ne repose

---

1. Intonation de cette séquence : descente jusqu'à *soin*; montée rapide sur *je dis pas*; puis forte pause, et descente jusqu'à *pas le cas.*

sur rien, et renvoie à la très réelle difficulté grammaticale de distinguer entre coordination et subordination.

Et est souvent renforcé par un adverbe tel que *puis, après, alors, de plus. Puis,* la plupart du temps prononcé [pi], est en concurrence avec lui, surtout dans les récits. On trouve aussi fréquemment *et puis,* souvent avec un subordonnant : *y a des tas de gens qui font rien et puis qui gagnent de l'argent. Ou* est concurrencé par *ou bien,* comme dans tous les usages parlés. *Mais* est très fréquent en début de séquence, sans idée adversative, marquant simplement le début de la prise de parole, de même que d'autres éléments comme *alors*.

Il existe de nombreux modes d'attachement propres à l'oral, familiers aussi bien que populaires : *ça fait que* (source du [fak] du québécois), *eh bien, mais alors, comme ça... (comme ça/tu l'as cru?), oui mais* ou *non mais* (prise de parole dans une discussion), *c'est que* avec hésitation, en tête d'une réponse *(— tu viens? — c'est que... j'ai un rendez-vous).*

3. Les subordonnées. — La notion de subordination (qui recouvre surtout complétives, relatives et circonstancielles) doit être maniée avec précaution, étant à la fois trop précise et pas toujours adaptée pour l'oral : des structures subordonnées ne commencent pas toujours par un subordonnant *(il m'a dit il va venir),* et la présence d'un subordonnant n'est pas le signe certain de la subordination *(y a l'eau qui arrête pas de couler, je le fais au cas où, quoique/ça m'aurait pas déplu).* Certaines structures peuvent recevoir plusieurs analyses grammaticales, sans être sémantiquement ambiguës *(les riches/ils se font pas piquer pour une histoire qu'ils ont pas de facture :* comment analyser la subordonnée en *que*?).

Les liens logiques peuvent être introduits par des éléments autres que la subordination : ainsi, on va trouver des coordonnées *(mais),* ou des formes assez subtiles, comme : *quand même il sait que c'est une connerie//il va y aller quand même,* que l'on serait tenté de paraphraser par *bien que* en français standard. L'expression de la concession passe ici par une répétition de *quand même* repris en chiasme, ce qui donne un rythme à la séquence répartie autour d'une pause qui suit une forte montée de la voix sur *connerie.*

On ne peut donc pas isoler les subordinations des autres types de mise en relation des séquences, qu'elles soient fondées sur la parataxe ou sur l'attachement.

II. — Temps et modes dans les subordonnées

Ils connaissent en français populaire une plus grande souplesse qu'en français standard.

1. **L'indicatif.** — On a de nombreux exemples de présents à valeur modale, dans une complétive, une finale, une temporelle, ou une phrase négative ou interrogative : *il fait comme si qu'il fait pipi, au cas où on a du retard, je veux pas qu'il part, c'est rare que je suis séparée de lui, ça se peut qu'il est là...,* même derrière des conjonctions de subordination qui gouvernent le subjonctif. L'indicatif semble s'imposer comme expression de l'existence : *malgré qu'il est là.*

L'imparfait peut apparaître dans le même type de contexte pour exprimer une antériorité : *il se peut qu'il voulait dire autre chose.* Il arrive aussi qu'un futur exprime la postériorité, l'incertitude ou la crainte *(souhaitons qu'il viendra, je doute qu'il saura, j'ai peur qu'il criera),* mais aussi après *si* pour exprimer une condition à venir *(si tu le feras).* On trouve *jusqu'à que* construit aussi bien avec le présent qu'avec le futur.

Présent, imparfait et futur dans des cas où la norme impose le subjonctif se rencontrent aussi dans un oral familier. Mais ce qui est plus spécifique du français populaire, c'est l'apparition en ce cas du modal *devoir : ils demandent que nous on doit aider quand même.*

2. Le conditionnel. — Le conditionnel aussi peut étendre ses emplois. Il semble préféré au subjonctif pour marquer une éventualité : *supposons que je voudrais, à moins que j'aurais su.* Certaines conjonctions qui le permettent sont plus fréquentes que des conjonctions qui imposeraient le subjonctif *(quand même : quand même il saurait le faire/il veut pas l'aider).*

A côté de son emploi enfantin (le fameux *si j'aurais su/j'aurais pas venu* popularisé par *la Guerre des boutons*), il connaît une extension d'usage par la concordance : *je l'aurais fait si tu me l'aurais demandé.*

3. Le subjonctif. — Nous avons déjà parlé en morphologie des difficultés que présentait sa formation. Nous n'évoquerons donc ici que des problèmes ayant trait à son emploi en séquence.

L'emploi en complétive révèle une légère tendance à la limitation : il serait en passe de véhiculer seulement un effet sémantique, dans des emplois volitifs et désidératifs. Dans les autres emplois, on tendrait à le remplacer par un indicatif, généralement présent. Pourtant, il se maintient bien, allant jusqu'à se différencier de l'indicatif en cas d'homophonie.

On rencontre même quelques hypercorrections, où il apparaît à la place de l'indicatif : *ça veut dire que les gens soient aveugles, on comprend pas pourquoi qu'il ait fait ça.* C'est souvent dans un contexte interrogatif ou négatif, ce qui généraliserait l'alternance *je crois qu'il vient* en face de *je ne crois pas qu'il vienne*.

On parlera du subjonctif après les autres conjonctions en étudiant les circonstancielles.

4. **L'infinitif.** — Les propositions à l'infinitif ne sont pas rares : surtout des infinitives suivant un verbe modal *(devoir, vouloir, pouvoir), faire, il faut,* ou un verbe de mouvement, et des finales (surtout après *pour).* Leur succès pourrait provenir de ce qu'elles évitent les difficultés de conjugaison, surtout au subjonctif (*avant de partir* à côté de *avant que je parte).*

Les difficultés d'utilisation de l'infinitif portent sur le contrôle du sujet et sur le point de passage dans la subordonnée qui le contient. Hors des emplois communs au français normé, on s'arrêtera à trois cas : le rétablissement d'un sujet, l'absence de coréférence, et l'introduction.

— l'absence de sujet devant l'infinitif provoque une ambiguïté ressentie comme gênante. Certains usages y remédient en restaurant un sujet : *où trouver l'argent pour lui voyager?, c'était dur pour moi l'aimer.* Ce tour populaire se rencontre essentiellement dans certaines régions (Nord);
— le sujet que l'analyse syntaxique offre à l'infinitif n'est pas celui qu'impose le sens : *on ira à la préfecture pour vous donner un logement, j'ai six personnes à manger.* Le même problème se rencontre d'ailleurs avec les rares participes présents ou passés, ou les gérondifs;
— on trouve à la fois des cas où l'infinitif apparaît seul *(on a été obligé aller ailleurs),* et, plus fréquemment, des cas où un *de* marque de transpo-

sition est ajouté : *il préfère d'être tout seul, pense de me rapporter un cadeau, j'ai cru de bien faire, pour de rire*).

On trouve aussi, dans des récits, des infinitifs juxtaposés au reste de la phrase, faisant suite à une série de temps du récit : *je me suis retrouvé à zoner/j'ai connu des copains/ (...) /ramassé par les flics/repartir le matin/refaire la manche/remonter le soir*. Cette rupture se rencontre également quand un infinitif remplace une forme conjuguée : *si vous avez un problème/venir me le dire*.

III. — Les subordonnées en *que*

Que est extrêmement fréquent en français, et il connaît beaucoup d'emplois divers. Nous ne parlerons ici que de cas où il est conjonction, donc ni pronom relatif, ni pronom interrogatif.

Les emplois dits populaires de *que* sont caractérisés par trois tendances qu'on définira en démarcage du français normé : extension des emplois, souvent réprouvée par la norme à cause du flou sémantique auquel elle risque de conduire, disparition, et remplacement. C'est de loin la première qui est la plus importante.

1. Une extension des usages. — On a dit qu'il était en français populaire toujours possible d'indiquer une relation entre propositions au moyen de *que* : à l'intonation et au contexte reviendrait le soin de préciser la signification. Cette proposition est trop générale, car certaines conjonctions ne sont jamais remplacées par *que* (ainsi de *si*), et les propriétés de ce type de subordonnées en *que* sont plus limitées. Ces restrictions étant faites, les cas d'extension sont les suivants :

— subordonnant susceptible d'exprimer des nuances variées : *j'ai pas pu y aller que j'avais la voiture* (« alors que »), *on faisait du grabuge qu'on était tous bourrés* (« parce que »), *il est venu que j'étais malade* (« pendant que »), *qu'est-ce que tu as que t'es toute trempée?, tu es prête que je te serve,* ... On notera aussi une tendance à l'extension de l'usage de *que* là où le français normé exigerait *à ce que* ou *de ce que* : *les gens/ils sont habitués qu'on leur court après;* et une plus grande souplesse pour construire des complétives exclues de l'usage normé : *je voudrais que je puisse arriver à temps;*

— marque d'antéposition. Il devient un véritable indicateur d'inversion, pouvant introduire une proposition sous la dépendance d'un nom, d'un adjectif, d'un adverbe, et de beaucoup d'autres catégories : *y a de quoi que je sois furieuse, à ce qui paraît qu'on l'a pas vu, et comment que je vais y aller, pi drôlement qu'elle est éclairée même, une supposition que tu aimerais ça, avec ça que je vais me gêner, dans quel état qu'ils sont pas tous!, des fraises qu'on a* (séquence non contrastive);

— incise d'énonciation : là où la langue standard signale l'incise par une inversion (du moins à l'écrit), la langue populaire introduit *que : mes amis/qu'il lui dit, je crois pas/qu'il me fait comme ça.* Cette forme est cependant moins fréquente que le laisseraient entendre certaines représentations littéraires, et on entend tout autant *il me fait* ou *il me dit;*

— reprise-écho de réponse à une question, où il est indépendant des contraintes syntaxiques de l'élément introducteur : — *qu'est-ce que tu dis? — je dis que fous-moi la paix, — qu'est-ce qu'il devient? — il devient qu'il est mort, — comment ça s'est terminé? — ça s'est terminé que merde;*

— renforcement de la cohérence dans une séquence : *les contrôles sont moins rigoureux que pour la drogue et que d'autre part les bénéfices sont fabuleux.*

2. **Autres cas.** — Il arrive fréquemment que *que* soit absent dans une position d'introduction de subordonnée : *ça fait la semaine on l'a pas vu, elle parle tellement vite on comprend rien* (intonation montante sur *vite*, puis descendante), *c'est ce fameux riz chaque fois qu'on le fait on le rate;* il peut aussi être absent quand deux segments sont introduits par la même conjonction : *quand le tuyau il crève et ça pisse partout,* ou avec *ne pas demander mieux (je demande pas mieux d'y aller, je demande pas mieux que ça dure).*

D'autre part, il peut aussi être remplacé : par *comme quoi* ou *comme quoi que* dans certaines complétives verbales *(il se rend compte comme quoi ça marchera pas, il nous a raconté comme quoi qu'il est parti sans dire au revoir),* ou nominales *(ils ont des traces comme quoi qu'ils sont inscrits);* et par *comme* dans les comparaisons : *il est aussi grand comme moi, j'en veux une pareille comme lui, il en a pris autant comme lui,* et dans certains tours particuliers : *tu parles comme c'est son problème!.*

IV. — Les relatives

Elles constituent l'un des phénomènes les plus fréquemment donnés comme typiques du français populaire, même si elles sont représentées de façon assez imprécise et aléatoire[2].

Le système de la relative en français standard est

2. Dans un album de la bande dessinée Astérix, où le langage est un des traits représentant la distance sociale entre soldat et officier, cinq des huit phrases à syntaxe populaire sont des relatives *(Le Devin).*

très complexe : le pronom relatif est, comme le pronom personnel, sensible aux fonctions. Le système se complexifie encore de l'existence d'une deuxième série, en *lequel,* sensible au genre et au nombre. Cet état de multiples formes en concurrence est lié aux interventions des grammairiens à partir du XVIe siècle, qui ont empêché une évolution selon la logique analytique à laquelle est soumis le français moderne.

L'extrême complexité de ce système a deux conséquences : la rareté d'emploi des formes obliques, ou leur usage systématiquement fautif (on entend surtout à l'oral *qui* et *que,* très rarement *dont, sur lequel, desquelles...,* et à l'écrit on les trouve fréquemment avec des fautes) d'une part ; la suppletion plus ou moins vaste par le système dit populaire, de l'autre.

Le système populaire se caractérise par une tendance à l'emploi exclusif de *que* comme marque de subordination, qui, étant invariable, ne peut être considéré comme un pronom relatif : c'est une sorte de conjonction, simple marque de frontière entre la principale et la subordonnée[3]. Ainsi est satisfaite l'exigence de ne pas avoir de compléments avant le verbe. Au-delà de cette caractéristique commune, on distingue plusieurs fonctionnements différents.

1. **Un copain que j'ai passé mon enfance avec lui.** — Le *que* ne fait ici que relier la principale à la relative, et la nature du lien qui unit les deux propositions est précisée au moyen d'un élément de rappel, qui peut être un clitique, un pronom fort, *ça,* un possessif, ou même une préposition (dans la mesure où elle peut introduire un pronom qui est effacé ;

---

3. Les grammairiens ne sont pas les derniers à laisser planer la confusion sur le statut de *que.* Pour des raisons de tradition grammaticale, ils n'abordent le problème que par le biais morphologique, selon lequel *que* est mis à la place de *où,* ou à la place de *dont.*

on dit alors qu'elle est employée adverbialement), comme dans les exemples suivants montrant différentes fonctions et différents modes de rappel : *j'en vois qu'ils arrivent à dix heures du matin* ([kizariv]), *un copain que j'ai passé mon enfance avec lui, il m'a offert une somme d'argent que ça suffit pas pour m'en sortir, une mère qu'on exécute son fils devant ses yeux, prends le pot que c'est écrit dessus.* Une telle liste retrouve exactement les formes que nous avons vues dans la dislocation avec reprise. On trouve aussi ces structures aux personnes autres que la troisième *(c'est moi que je partirai, c'est nous qu'on devra le faire).*

Si elles paraissent tellement faciles à manier, c'est que, après le *que,* la relative reproduit la structure d'une phrase simple indépendante. La logique de cette forme est donc beaucoup plus analytique que celle de la relative standard. En effet, la relative standard met en œuvre un lien à deux étages (entre nom antécédent et pronom d'une part, entre le pronom et la position qu'occuperait le nom dans une phrase indépendante de l'autre), alors que ce type ne suppose qu'un lien à un seul étage (entre le rappel et le nom qui constitue sa source).

2. J'ai vendu ma petite maison que je tenais tant. — Le deuxième type obéit à une toute autre logique, plus discursive, car elle n'exprime pas explicitement la nature du lien entre principale et relative. Le *que* marque le rapport de domination entre propositions (indication de frontière entre principale et subordonnée), mais aucun élément ne le complète pour exprimer la nature du lien entre les deux séquences.

Alors que la forme brute s'entend essentiellement chez des locuteurs populaires *(elle me coûte cher ma salle de bain/que je me sers pas d'ailleurs, j'ai vendu ma petite maison que je tenais tant),* la même forme

95

employée en pseudo-clivage se rencontre également dans des usages oraux familiers de tous les locuteurs : *ce qu'il faut s'occuper/c'est de répondre tout de suite*.

Ces structures sont également d'une réalisation très simple, mais leur absence d'explicitation sémantique les fait juger de façon très dépréciée (bien qu'elles soient parfaitement explicites dans leur contexte d'apparition). On voit la nuance sémantique qu'elles peuvent apporter, par rapport à une relative ordinaire : *des feux qu'il faut appeler les pompiers tout de suite* peuvent s'opposer, par exemple, à ceux que l'on éteint soi-même. On a là un lien assez lâche, auquel les locuteurs peuvent avoir recours quand ils veulent se contenter de suggérer qu'il existe un lien.

3. **Autres types.** — On peut identifier un troisième type, mixte, produit du croisement entre la structure standard et l'un des types précédents.

On peut le décrire comme comportant le pronom relatif standard, combiné à l'un des modes de rappel des types populaires. Il suppose donc la référence au système standard, sans en manifester la maîtrise, en une hypercorrection : *c'est une petite ville où il ferait assez bon y vivre, tous les gens auxquels je leur en ai parlé/ils m'ont dit la même chose, un train où y a personne dedans*[4].

On rencontre encore un autre type, où le pronom relatif, standard, est suivi de *que*. Il n'apparaît cependant pas avec tous les pronoms (avec *où*, et les groupes préposition + *qui*). Supposant la maîtrise du relatif standard, il en présente aussi les difficultés, mais il a l'avantage d'aligner le système des relatives sur les autres subordonnées qui, en français popu-

---

4. C'est ce type-là que tentent de reproduire les fameux *dont auquel* de Bérurier, qui doivent toutefois davantage à l'imagination de San Antonio qu'à la rigueur de l'observation, bien qu'il y ait quelque chose de juste dans l'observation du « style noble » du gendarme.

laire encore plus qu'en français standard, sont toutes introduites par un composé de *que*. Nous comprenons comme une variante de ce type des formes où le relatif standard est suivi de *c'est que* : *on m'a donné une autre adresse où c'est que je l'aurai à ce prix-là*. Ces formes ne concernent que quelques relatifs, et sont à comparer à l'interrogation.

Il resterait à signaler encore d'autres types de relatives, aussi bien familiers que populaires. Tel est le cas de la relative déictique : *voilà Pierre qui vient!, là/qui court/y a un type!, je vois ma voiture qui démarre pas, je l'entends qu'elle bouffe plutôt salement*. Ces séquences mettent fréquemment en jeu un clivage : *j'ai mon chomedu qui arrive pas, y a mon chomedu qui arrive, y a/qui va arriver/mon chomedu, y en a qu'elles datent d'une dizaine d'années*.

D'autres formes se rencontrent aussi, encore trop peu étudiées pour qu'on puisse les systématiser : *un endroit où là il fait bon vivre*, qui exploite la marque de frontière *là*, *qu'est-ce que* à la place de *ce que* (*mais c'est qu'est-ce que je te dis depuis deux heures*), ou des formes qui bouleversent l'ordre des mots : *quand on a vu la mère dans l'état qu'elle était, avec les mecs que j'ai vécu/moi/c'était de la racaille, ça dépend sur le douanier qu'on tombe*.

4. **Conclusion sur la relative.** — La complexité du système est telle que ce qui est surtout typique des usages familiers et populaires de la relative, c'est la variation. Un même locuteur peut passer d'un usage à un autre, ou aux types croisés, selon des contraintes que l'on ne connaît pas encore bien.

Une fois les différents types isolés, le système se présente de façon assez simple, et c'est surtout faute de prise en compte sérieuse des données que les grammairiens peuvent interpréter les productions comme fruits de confusion. A quel point ces différentes formes sont inscrites dans le système du français, on le voit en comparant les structures des détachements et celles des relatives, surtout en tenant compte de la possibilité d'omission de *que : y a des gens/on peut pas leur faire confiance* et *y a des gens qu'on peut pas leur faire confiance* ont pratiquement la même structure.

V. — Autres subordonnées

1. **Les circonstancielles.** — On évitera de dresser une longue liste d'atteintes à la norme, car il est plus intéressant de comprendre que certaines s'expliquent fort bien. Ainsi, si *après que* est de plus en plus fréquemment suivi du subjonctif, c'est que celui-ci opère une régularisation du paradigme des conjonctions : sauf *après que* justement, toutes les conjonctions formées sur une préposition et pouvant être construites avec l'infinitif sont suivies du subjonctif. Le subjonctif derrière *après que* vient donc régulariser un paradigme.

Le français se caractérise par la grande variété de ses conjonctions de subordination : plus d'une centaine, dont presque toutes sont des locutions conjonctives comportant *que (afin que, si bien que, étant donné que …)*. Il ne comporte que quatre conjonctions simples : *que, si, comme,* et *quand*.

Les trois conjonctions de subordination simples autres que *que* peuvent se voir adjoindre un *que* : *comme que, si que, quand que,* de même que leurs composés : *comme quoi que, comme si que.* Si l'on compare ce phénomène à ce qui se produit pour les relatives *(à qui que)* et les interrogatives *(pourquoi que)*, on peut dire qu'il y a une tendance à régulariser le paradigme des subordonnants sur une composition à base de *que : comme que je travaille demain/c'est impossible, on restait jusqu'à quand que la gare elle ferme, même si que tu venais/Roland il est parti.*

On a vu que les créations de groupes fonctionnant comme conjonctions de subordination étaient fréquentes, surtout à partir de prépositions auxquelles on adjoint *que : à peine que, au début que, à cause que, vu que, malgré que, moyennant que, comme quoi que, pour pas que.* Voici d'autres locutions conjonctives, réputées populaires : *des fois que, quelquefois que, un coup que, au cas que, en cas que, à force que, au lieu que, pareil que, tant qu'à, même que (même que je travaille/je vais quand même venir), déjà que (déjà qu'il est pas malin/en plus tu le laisses faire)...* On y ajoutera les formations à partir de noms, elles aussi parallèles aux prépositions *(histoire qu'on rigole un coup, rapport qu'il avait pas compris, rapport à ce qu'il pensait partir).* Pour ces conjonctions, une modification de mode produit un effet stigmatisé : *en cas qu'il part pas,* de même que le remplacement de *à ce que* ou *de ce que* par *que : jusqu'à qu'il finisse.*

La créativité de ces formes est telle qu'il n'y a pas de limite assignable entre une locution conjonctive et une antéposition soulignée par *que : soi-disant que, avec ça que, bien entendu que, dommage que, possible que, pour sûr que...*

Comme dans tout oral, on trouve des subordonnées sans principale, qui s'achèvent sur une intonation traînante *(puisque tu es si malin..., si je l'envoyais promener...),* ou sur un effet d'évidence *(quand je vous le disais!)*; ou bien des subordonnées qui fonctionnent davantage comme incises énonciatives que dans la dépendance du verbe principal (par exemple avec *parce que* justifiant l'énonciation, et non l'énoncé).

2. Les interrogatives indirectes. — Il arrive souvent en français populaire que l'interrogative indirecte soit traitée comme une interrogative directe, soit à travers son élément introducteur *(je sais pas qu'est-ce qu'il veut, on sait pas c'est qui qui l'a fait, on sait pas qui c'est que c'est qui l'a fait)*, soit par la présence d'une inversion réservée en principe à l'interrogation directe *(explique-moi où est-il)*, où même un locuteur qui ne dit jamais *où est-il*? peut avoir recours à l'inversion.

Ces formes apparaissent aussi fréquemment avec un flottement entre discours direct et discours indirect, en particulier à cause de la chute possible de *que* et des transpositions de mode : *y en a une/elle m'a dit/oui c'est vrai/ça lui faisait mal.*

Les autres interrogatives indirectes sont construites comme les interrogatives simples, et il est possible d'accompagner le pronom ou l'adverbe interrogatif de *que : tu as vu comment qu'il est*. On notera aussi certaines modifications d'ordre des mots subséquentes : *quand elle s'en va/elle dit pas à l'heure qu'elle rentre, on se demande bien qu'est-ce qu'elle est là pour foutre,* qui apparaissent aussi dans les découpages de propositions : *je regarde l'enfant ce qu'il fait, j'écoute l'enfant s'il pleure.*

3. Les nominalisations. — Les nominalisations constituent un trait difficile de la morpho-syntaxe française, surtout à cause de la variété des suffixes existants : *-ment, -ation, -age, -ité, -ure,* mais aussi pas de suffixe du tout ou des formations spécifiques... Le français populaire n'y a pas souvent recours : on trouvera plus fréquemment *avant que le grand-père il meure,* que *avant la mort du grand-père.*

Quand il en fait néanmoins usage, il tend à privilégier deux suffixes : *-ment (gueulement, remodèlement, mentement...),* et *-age (bousillage, largage,* *mouchage, téléphonage…*); il construit ces suffixes sur une forme indifférenciée, qui produira par exemple *maquereautage (macrotage),* alors que la dérivation savante donnerait *maquerellage* (de même, *corrigible* et *correctible, défendeur et défenseur*). Les suffixes rares tendent à être alignés sur les plus fréquents *(bourgeoiserie* ou *mairerie).*

Mais une tendance contradictoire à cette rareté des nominalisations est leur utilisation en formes figées, reconduites d'un discours antérieur sans réelle intégration dans la séquence : *j'ai un manque de papier, d'importantes chutes de neige sont tombées ce matin.*

L'ensemble de la réflexion sur la morpho-syntaxe a permis d'établir un fait important : contrairement à ce qui se produit pour la phonologie et pour le lexique, s'il existe bien des formes morpho-syntaxiques non standard, elles ne sont que très rarement typiques d'un usage populaire, et sont partagées par les usages familiers et relâchés. Ces plans sont donc les moins révélateurs pour reconnaître l'appartenance sociale d'un locuteur.

CHAPITRE VI

LEXIQUE

L'évaluation d'un locuteur est dans ce domaine limitée par le fait qu'il est toujours possible et d'exercer une auto-surveillance et « d'attrapper » un mot en vogue. Aussi l'instabilité est-elle encore une figure fréquente, ce qui ne signifie pas que l'on ne puisse dégager quelques tendances.

Les tendances à l'œuvre dans le lexique populaire sont le libre jeu de la quatrième proportionnelle (analogie), la vivacité de la dérivation, surtout suffixale du fait de l'ordre progressif, et le figement métaphorique. Le sens commun accorde une large place à « l'expressivité », mais nous verrons que c'est une notion qui doit davantage au stéréotype d'une truculence populaire qu'à une réalité linguistique.

I. — Langue populaire et argot

Nous ne distinguerons pas entre lexique populaire et argotique, car les modes de formation sont communs, hypertrophiant des procédés de la langue courante.

Le terme « argot » (ou langue verte[1]) qualifie toute dérivation partielle à partir de la langue populaire, avec deux acceptions. Au singulier, il désigne

1. C'est à partir du dictionnaire de Delvau (1866) qu'on tend à faire équivaloir les deux termes, alors qu'au départ la langue verte est uniquement l'argot des tricheurs (tapis vert).

le lexique de la pègre et du milieu; au pluriel, ou quand il est déterminé, un lexique propre à un groupe de personnes exerçant une même activité (argot des typographes, des champs de course, des étudiants ou des casernes).

Au départ, il y a distinction entre lexique populaire et argotique. Mais après la fusion du jargon dans la langue populaire parisienne vers le milieu du XIXe siècle, il n'y a plus grand sens à distinguer les origines[2]. Et si des dictionnaires conservent les mentions « populaire », « argotique », « vulgaire », voire « trivial », termes qui permettent de garder les mots dans une zone dépréciée, c'est pour des raisons idéologiques.

L'argot du « milieu »[3] est donc resté longtemps la langue secrète de bandes itinérantes et des habitants de certains quartiers de Paris. Dans le courant du XIXe siècle, avec la démolition des quartiers insalubres de la Cité, la suppression des bagnes, la fin de l'isolement social de la pègre, l'argot des malfaiteurs s'est progressivement mêlé à la langue du peuple, puis s'est étendu aux provinces. Cette généralisation a eu des effets sur sa forme, et sur l'accélération de son renouvellement. De nos jours, de nombreux mots d'origine argotique sont intégrés au lexique populaire : ainsi, les termes aujourd'hui populaires *plumard, pépin, bricheton, goguenot* ou *cafard* proviennent de l'argot des soldats, de même que les expressions *en avoir soupé* ou *jusqu'à la gauche*.

Cet argot commun trouve sa plénitude à la fin du XIXe et au début du XXe à la faveur de la diminution

2. L'anglais dispose de deux termes différents pour l'argot des voleurs (« cant ») et l'argot du peuple (« slang »).

3. Outre les dictionnaires cités dans le chapitre 1, la tradition d'étude de l'argot est assez développée : M. Schwob, L. Sainéan, A. Niceforo, M. Cohen, A. Dauzat, G. Esnault, P. Guiraud et D. François, parmi d'autres. En fin de compte, plus de monde que pour les plans phonétique et syntaxique de la langue populaire.

des cloisonnements sociaux, avec un lexique très vaste qui a emprunté aux argots des soldats, marins, ouvriers, mendiants, joueurs professionnels, camelots, chiffonniers, filles, souteneurs, professions ambulantes...

II. — Les procédés formels de création

Les procédés sont les mêmes que dans la langue commune, mais il y est fait appel dans des proportions différentes. La norme n'exerçant pas sur le lexique populaire sa sélection et sa censure, des procédés exclus ou rares dans la langue normée sont actifs : le large jeu des paradigmes morphologiques, l'exploitation systématique de la quatrième proportionnelle, création d'un terme sur le modèle d'un couple existant. Cette propriété est hypertrophiée dans le français populaire africain, où interviennent des créations comme *essencerie,* formé sur *essence* comme *épicerie* l'est sur *épice.*

1. **La dérivation.** — C'est le procédé formel le plus courant. La suffixation est, comme dans la langue commune, plus répandue que la préfixation, selon la tendance progressive du français moderne. Les suffixes sont en langue populaire plus nombreux, plus largement appliqués, et il existe une suffixation parasitaire, adjonction d'une syllabe conventionnelle.

Les suffixes du français commun connaissent une plus grande marge de jeu, et une plus grande liberté de cumul : on exploite largement les diminutifs, augmentatifs, itératifs et fréquentatifs. On forme facilement des composés, par exemple des adjectifs en *-able* : *mettable* et *pinaucumettable,* ou des noms en *eur/euse* : *tombeuse dans les pommes, il est très faiseur l'amour dans les buissons.*

On trouve aussi un plus grand nombre de suffixes, en particulier dépréciatifs, que dans la langue commune. Ils interviennent surtout pour la formation de noms, éventuellement après une troncation, comme -*o* : *socialo, alcoolo, clodo, avaro, proprio; -ard (déchard, douillard, pantouflard),* ou -*aud* dans *salaud*; mais aussi dans la formation de verbes : -*ailler (criailler, pinailler).* Ils sont souples et souvent interchangeables, au gré de la fantaisie du locuteur.

Certains sont propres à la langue populaire, comme -*os*, qui est en vogue dans l'actuelle langue des jeunes *(craignos, gratos, faire cassos, chouettos, coolos, nullos), -ouse (-ouze) (picouse, centrouse, perlouze),* ou -*go (got),* peu productif aujourd'hui *(icigo, parigot, mendigot).* D'autres sont spécifiquement argotiques : -*aga (poulaga, pastaga, gonflaga), -aille (poiscaille, flicaille), -bar (calebar, crobar, loubar), -du (loquedu, chomedu), -if (morcif, porcif, calcif), -oche (téloche, cinoche, bidoche, pelloche), -uche (Pantruche, gauluche), man* emprunté à l'anglais *(fauch'man, arrang'man, poul'man* — « poulet, la police » —).

La suffixation parasitaire n'apparaît guère dans l'argot avant le XVIIe siècle, mais se répand vite et atteint bientôt la langue populaire. Il s'agit de remplacer ce qui est, à tort ou à raison, analysé comme un suffixe, et dans quelques cas d'une simple adjonction *(toutime,* « tout »). Certains de ces suffixes sont propres à un terme (ou ne sont conservés que dans un ou deux termes) : *espingouin, amerloque, gigolpince, éconocroques, morbaque, boutanche, calbute...* Un segment interprété comme un radical demeure reconnaissable, et se voit adjoint une sorte de panache final. Quelques uns sont réguliers et véhiculent un sens précis, d'autres sont plus fantaisistes, et expriment simplement le plaisir du jeu sur les mots (ainsi de séries comme *moche, mochard, mochetard, mochetingue).*

La forme peut être très variée, en une modification qui reste superficielle (ainsi, pour *valise, valoche, valtreuse* ou *valdingue*). Dans certains cas, la « racine » se voit de plus en plus réduite (« fromage » donne *fromeju, frometon,* puis *frogome*). Mais la plupart des suffixes sont communs au français, au français populaire et à l'argot, avec des valeurs identiques : ainsi de *-ier, -age, -et, -ot, -eur,* et des suffixes verbaux *-eter* et *-oter.*

Comme préfixe, on notera simplement un emploi élargi de *re- (r-) (rarranger* pour *arranger, repartir* pour *partir*), expression de l'aspect qui tend à remplacer le verbe simple : *le train rentre en gare, ça rentre dans la définition.* On le trouve aussi, sur un verbe, comme expression de la répétition *(raller),* ou sur des noms *(rebelote).* Il peut alors acquérir une véritable autonomie : *re!.* La forme *décesser,* avec le sens de *cesser,* fréquemment signalée, nous semble archaïque. On note enfin des suppressions du préfixe *(quand c'est venu cher).*

2. **La composition et les locutions.** — La composition est un procédé moyennement productif en langue populaire, qui a surtout exploité, comme le français commun, les séquences de type verbe + nom : *saute-ruisseau, grippe-sou, pique-assiette, accroche-cœur, cache-misère, tord-boyau, tire-jus, brûle-gueule;* éventuellement avec article ou préposition : *pue-la-sueur* (« ouvrier »), *chie dans l'eau* (« marin »), *monte en l'air* (« voleur »), et même relative : *gros qui tache* (« vin rouge médiocre »)...

Les composés nom + nom se multiplient : *remède miracle, paquet cadeau, prix choc, tarte maison, lavage éclair...* Il arrive que l'indépendance du deuxième nom autorise un emploi comme adjectif attribut : *la situation est vraiment limite, votre tarte/elle est maison?.*

D'autres formations nominales existent : *une pas grand chose, décrochez-moi ça, va comme je te pousse, suivez-moi jeune homme*. Il n'y a pas loin de la composition à la locution figée : les deux ont en commun de créer une sorte de mot unique. Certaines locutions figées sont dites populaires, au sens où dérivation populaire s'oppose à dérivation savante : *conter fleurette, mettre la main au panier, faire la bombe, casser du sucre sur le dos, avoir la boule à zéro, tenir le haut du pavé, être cousu d'or, opiner du bonnet, en avoir rien à cirer*... Beaucoup sont crues, et Richelet (1680) ou l'Académie (1694) avaient pu se voir accusés d'obscénité pour avoir fait figurer dans leurs dictionnaires ces expressions considérées comme adoptées de la halle.

3. **La transposition des catégories grammaticales.** — Le français permet aux mots de changer de catégorie grammaticale, ce que la langue populaire pratique plus librement que la langue normée. C'est la dérivation impropre, dont une forme répandue est l'emploi d'un nom comme adjectif : *une allure canaille, un culot monstre, une histoire chouette, un effet bœuf..., être désordre, chagrin, colère, tout chose*... On peut aussi former un participe passé à partir du nom : *elle est bien chapeautée*.

Les créations sont moins contraintes qu'en français standard : on peut, en français populaire, former un verbe sur un nom désignant une partie du corps : *gueuler, zieuter, se boyauter, blairer, piner, queuter*... De même, au lieu de construire une locution verbale à partir de *faire* ou d'un autre verbe support, le français populaire peut dériver d'un nom : *chuter, candidater, auditionner, solutionner*...[4] Le français

4. Certaines de ces formes sont petit à petit adoptées par la langue commune. C'est le sort de nombreuses créations de la langue populaire et argo-

d'Afrique exploite largement cette veine, ayant par exemple créé au Togo *enceinter* sur l'adjectif *enceinte*.

Nous avons vu d'autres exemples de changements de catégories : prépositions employées comme adverbes *(je l'ai rangé autour)*, noms devenant prépositions *(côté travail)*. Il se développe aussi un usage adverbial d'adjectifs *(déconner sec, il l'a fait facile, acheter utile, rouler français...)*, ou même de noms *(y aller pépère)*; voir aussi *rien (c'est rien con)*, *total*, ou *résultat des courses (total/il laisse tout tomber, résultat des courses/c'est raté)*.

Une fausse étymologie peut conduire à recatégoriser un terme en modifiant sa constitution interne : ainsi, sur *urgent* ou *indifférent*, sentis comme participes présents, on fabrique *ça urge* et *il m'indiffère*. On peut en rapprocher l'emploi passif du participe présent *(une histoire marrante)*.

4. **Autres procédés formels.** — Le lexique populaire tire parti de toutes les déformations orales :

— la troncation ou abréviation, procédé qui apparaît au début du XIXe siècle. Elle porte généralement sur des noms, et concerne la plupart du temps la finale : *beauf* pour « beau-frère », *accro* (« accroché » à la drogue), *bon app, bénèf, occase, champ, petit déj,* en particulier pour les mots savants sentis comme trop longs *(vélo)*. Elle n'est pas soumise au découpage en morphèmes : *raduc,* « ras du cul », *Boul Mich,* « Boulevard St Michel », *déca.* Elle concerne parfois l'initiale *(ciflard* pour « saucisson » resuffixé en *sauciflard, troquet* de « mastroquet »), surtout dans des vocatifs *(pitaine* pour « capitaine »), ou interne *(margis*

tique, et L. Larchey peut indiquer dans sa préface qu'en 1726, *détresse, encourageant, érudit, inattaquable, entente* et quelques autres étaient considérés comme argotiques.

pour « maréchal des logis »). Elle peut être suivie d'une resuffixation, par exemple en -o.
— l'agglutination et la déglutination, liées à l'absence de coupure entre les mots à l'oral : la huppe, oiseau qui peut être plumé, a donné naissance à *dupe,* et l'oignon, bosse résultant d'un coup, permet la création de *gnon*;
— la réduplication *(foufou, concon, pépère, titi, traintrain, zinzin).* Elle peut favoriser le succès d'un emprunt, comme *kif-kif,* et s'appliquer à un terme qui est déjà une troncation *(deudeuche,* de *deuche,* lui-même troncation de « deux-chevaux »). Ce procédé est aussi fréquent dans les diminutifs de prénoms : réduplication de l'initiale *(Momo* pour Monique, *Juju* pour Julien), ou de la finale *(Nanar* pour Bernard, *Bébert* pour Albert ou Robert; *Nénesse* pour Ernest simplifie le groupe complexe);
— l'attraction paronymique (ou étymologie populaire), qui fonctionne par analogie et relève de l'association d'idée, comme quand *taie d'oreiller* est compris comme *tête d'oreiller.* La contamination donne naissance à de nouveaux termes : *peinturlurer,* de *peinture* et *turlure* (au hasard). On est ici sur le chemin du calembour, réalisé quand des soldats de la guerre de 14 renomment le journal berlinois « Tagblatt », *tas d'blagues.*
— le calembour *(cloporte,* concierge, celui qui « clot la porte »), éventuellement remotivé (cloporte et concierge vivent dans un trou). Il est en fait assez rare : tous les travaux citent le même;
— les onomatopées, peu nombreuses : *rififi, flagada, flic, digue-digue, raplapla, tocante, chichi, cancan, papoter...*

Les accidents phonétiques peuvent révéler des tendances du phonétisme de la langue : si « grelot » est à l'origine de *grolle,* c'est qu'un *e* muet ne peut pas recevoir l'accent. Une instabilité se manifeste aussi dans la reproduction de mots mal connus : *infecté* pour *infesté, inventaire* pour *éventaire...,* créations à rapprocher des remotivations de l'étymologie populaire.

5. **L'abondance des clitiques.** — Il existe en français populaire beaucoup d'expressions dans lesquelles figure un clitique, qui renvoie à quelque chose de vague ou de difficile à préciser (surtout *ils*), ou représente l'ellipse d'une expression qui existe aussi sous forme complète :

— *ils* : ceux qu'on ne peut désigner autrement (les patrons, les riches, les huissiers, la police, le gouvernement... et même les règles) : *ils vont finir par faire sauter la planète*;
— *la : on va la sauter, on ne me la fait pas, je la trouve mauvaise...*;
— *les : les mettre* (les bouts, « s'en aller »), *les agiter* (les jambes, « s'enfuir »), *les avoir palmées* (les mains, « être paresseux »), *les lâcher avec un élastique* (les sous, « être avare »);
— *en : il en sort* (lieu méprisé), *il en est* (groupe méprisé), *en installer, en manger* (policier corrompu), *en rajouter, en tâter* (« s'y connaître »), *en suer une* (« danser »)... Ces expressions peuvent se cumuler avec le réfléchi : *on va s'en bourrer une* (une pipe), *s'en mettre un derrière la cravate* (un verre); il en est de même pour *y* : *s'y croire*;
— les formes pronominales connaissent une extension d'emploi *(s'amener),* souvent dans des expressions où elles laissent passer une certaine sympathie : *on peut plus se bouger, on se fait vieux...*

Ainsi un même verbe peut-il exprimer des sens différents selon sa construction : *mettre (une femme)* (« faire l'amour »), *les mettre* (les bouts, « se sauver »), *en mettre* (un coup, « travailler dur »), *s'en mettre plein la lampe* (« bien manger »); ou un même sens s'exprimer par l'intermédiaire de différents clitiques *(les avoir bien accrochées* et *en avoir).* Mais si la fréquence de ces expressions est élevée dans le lexique populaire, il s'agit d'un procédé général du français familier *(j'y mets du mien, il fait des siennes, il en fera bien d'autres...).*

III. — Les procédés sémantiques de création

La fascination pour le vocabulaire de la langue populaire et pour l'argot est ancienne : « Il n'est pas de langue plus énergique, plus colorée que celle de ce monde souterrain... Chaque mot est une image brutale, ingénieuse ou terrible », écrivait Balzac dans *La dernière incarnation de Vautrin.*

Il est pourtant excessif de parler de poésie de la langue populaire, car elle procède par séries synonymiques limitées, souvent dans la dérision, l'auto-dérision, et le sarcasme; on n'innove qu'à l'intérieur de schémas sémantiques déjà tracés. Guiraud, dans *l'Argot,* établit que les désignations dévalorisantes de la femme se ramènent toutes à deux séries de base : la rosse et la souillon.

1. **La métaphore et l'épithète de nature.** — La métaphore consiste à créer une acception nouvelle en se fondant sur l'analogie, de forme (*pruneaux* pour « testicules »), ou de fonction (*bâtons* pour « jambes »). Un procédé fréquent assimile l'homme à un animal, soit dans la désignation : *cochon, vache, chameau, bécasse, corbeau, singe* (« patron »); soit dans la dénomination des parties du corps : *museau*

pour « nez », *patte* pour « jambe » ou « main », *cuir* ou *couenne* pour « peau », *lard* pour « graisse »; soit encore dans la qualification des actions : *crever, vêler* ou *pondre* (« accoucher »), dans les injures *(charogne),* ou dans des expressions : *mettre la viande dans le torchon* (« se coucher »). L'assimilation d'un homme à une plante peut être dépréciative ou amicale : *poire, poireau, légume,* et *mon chou, vieille branche.* Mais son assimilation à une chose est toujours dépréciative *(fumier, avoir un polichinelle dans le tiroir).*

Beaucoup de métaphores sont caractérisées par un accrochage concret de termes abstraits, faisant par exemple du corps le siège des sentiments : *se dégonfler, avoir de l'estomac, quelqu'un dans le nez, du poil au cul, courir sur le poil, taper dans l'œil de quelqu'un...,* ou des actions et des états : *être constipé du morlingue* (« être avare »), *faire dans son froc* (« avoir peur »), *descendre* ou *refroidir* pour « tuer ». Une bonne partie d'entre elles ont la dureté auto-ironique que l'on peut attendre de populations aux conditions de vie difficiles : *claquer du bec* (« mourir de faim »), *pisser sa cotelette* (« accoucher »), *clouer le bec* (« faire taire »).

Outre la métaphore, les procédés privilégiés sont les épithètes de nature, fréquemment des participes présents : *battant, palpitant* (« cœur »), *grimpant* (« pantalon »), *fumantes* (« chaussettes »), *beuglant* (« cabaret où l'on chante »), ou d'autres types de dérivations : *valseur* (« postérieur »), *charmeuses* (« moustaches »), *bouffarde* (« pipe »)... On renomme selon une propriété intrinsèque ou accidentelle, bien souvent négative, comme *morveux, chiard, morpion* et *pisseuse,* à côté des plus neutres *gosse, môme, marmot, momaque, lardon, mioche, miochard, moujingue, moutard* ou *gamin.*

Tous ces procédés permettent, sur une image initiale, l'exploitation par série synonymique : à partir de *poire* désignant la tête, intervient une série de fruits et de légumes : *pomme, cassis, pêche, fraise, citron, tomate, patate, citrouille, courge, chou, melon, pastèque, coloquinte...* « Sentir mauvais » est une sensation forte, comme *taper, cingler, fouetter, cogner...*

2. Extension des significations. — N'étant pas soumis à la norme, l'usage populaire est moins fixé, et les sens changent rapidement, ce qui constitue un processus naturel à toutes les langues. Quelques glissements bien connus sont : *un magasin bien achalandé, hésiter entre deux alternatives, grâce à cette erreur...*

On signalera encore quelques particularités, comme la multiplicité des emplois pour *caisse, clou, canard...* Les termes génériques étendent leur signification. Ainsi *faire* peut remplacer *avoir* : *faire une maladie, un accident, de la neurasthénie, de la température...;* ou *être : nous allons faire une paire d'amis tous les deux, faire médecin, faire premier...;* ou un autre verbe : *faire 50 kg.* On trouve aussi des extensions de *avoir (tu auras plus court de prendre à droite).* Le procédé qui généralise *truc* ou *machin* est du même ordre, de même que l'existence d'expressions qui requièrent *un* en français standard et sont employées avec *le : j'ai le rhume, j'ai plus le sou.* Dans certaines expressions, *de* peut être remplacé par un article : *crever la faim* (d'où *on la crève,* et *un crève-la-faim*).

IV. — Les emprunts

Les emprunts sont les termes qui, tout en étant, selon les époques, plus ou moins francisés, proviennent de langues étrangères. Ils sont donc soumis aux occasions de confrontation à une autre langue, qui, dans la langue populaire, se réduisent à peu près aux guerres et à la colonisation : le nombre de mots étrangers y est donc insignifiant. Ils sont plus nombreux dans l'argot, dont la naissance est intervenue en des lieux de passage où plusieurs langues sont en contact et où se produit un brassage de populations (ainsi du couloir Saône-Rhône, passage des armées et des flux migratoires, et chemin vers le bagne de Toulon). La plupart des termes populaires empruntés à d'autres langues sont donc passés par l'argot.

A l'origine, ce sont surtout des provincialismes, en particulier picards et surtout provençaux, comme c'est le cas de *pègre, comac, mandale, fayot, marida* ou *pogne,* et des emprunts à l'ancien français véhiculés par les dialectes *(entraver, rencard* ou *bêcher)* ; au XVIe siècle interviennent des emprunts à l'italien *(limace, casquer, caguer, gonze, carne),* passés par le relai du fourbesque, l'argot italien ; et quelques rares emprunts au manouche, à la faveur de la présence de gitans dans les bandes de brigands *(berge, chourin,* d'où provient le nom du chourineur des *Mystères de Paris, manouche).*

Les emprunts plus récents se sont faits à l'anglais, surtout dans les vocabulaires sportif et journalistique *(biseness, job, turf...),* à l'allemand lors des guerres, surtout de 70 et de 14 *(chloff,* de « schlaffen », *loustic, frichti...),* ou à l'arabe à travers la colonisation *(moukère, zob, fissa, kawa, clebs, maboul, lascar...).* Un domaine privilégié des emprunts concerne les noms péjoratifs des peuples, à partir de différentes particularités : *rosbif, macaroni, fritz, crouille, manouche, yanki, popoff...*

V. — Spécificités de l'argot

1. **Champs sémantiques.** — Etant donnée la nature des activités exercées par ses locuteurs, l'argot est

à la fois un « langage technique » et un « langage secret ».

Ses domaines lexicaux privilégiés sont des termes techniques désignant des réalités qui ailleurs ne nécessitent pas une telle précision, comme différentes façons de frapper quelqu'un, qui comportent toutes une nuance : *gnon, ramponneau, marron, pain, pêche, châtaigne, mandale, torgnole, baffe, mornifle, beigne, tarte, peignée, raclée, torchée, danse, dégelée, pile, tourlousine, trempe, jeton, chtard...* Des mots argotiques se développent aussi pour des choses ou des actions pour lesquelles la langue commune ne possède pas de terme, comme *mitard* (« cachot à l'intérieur d'une prison »).

Ils donnent à voir un univers où les réalités les plus richement dénommées sont l'amour physique, l'argent, la tromperie, la bagarre, les différentes activités déviantes, en liaison avec le mode de vie des locuteurs initialement concernés. Mais les mots essaiment : *accro* ou *addict,* issus de la drogue, s'appliquent désormais à tout domaine.

L'autre partie du lexique est constituée par des termes existant en français standard, mais renommés pour des raisons de secret ou de reconnaissance de groupe. Ils ont peu à peu essaimé dans la langue populaire.

2. **Les codages, ou javanais**[5]. — Ils consistent à masquer le mot en le déformant, par ajout, suppression, déplacement ou remplacement d'éléments. Si leur origine remonte parfois à plusieurs siècles, leur généralisation est assez récente (XIXe siècle, quand l'argot se répand au-delà de la pègre), à des fins de plaisir et de reconnaissance de groupe.

5. On trouve ce type de codages dans de nombreuses civilisations, des plus variées.

Ils obéissent à plusieurs clefs, exhibées dans leur nom même :

— « largonji » : la première consonne est détachée et remplacée par un *l-*, puis renvoyée en fin de mot, soit sans suffixe *(loucedé, largonji)*, soit avec (il prend alors des formes variables); les premières attestations sont chez Vidocq *(lincepré, lorcefé)*, ou de la même époque. L'une de ses formes les plus connues, le « loucherbem », très appréciée au XIXᵉ, est actuellement en recul;

— « javanais »[6] proprement dit, où l'on introduit dans chaque syllabe un infixe, généralement *-av-* : *gravos, baveau* pour « gros» et « beau »;

— « langue de feu», surtout un amusement d'enfants : c'est une variante du javanais, qui répète toute syllabe en reproduisant la voyelle et en remplaçant la consonne par *f* (pourri donne *poufourifi*).

— « verlan» (interversion des syllabes : *tromé* pour « métro», éventuellement suivi d'une troncation — *trome*), à l'heure actuelle en vogue chez les jeunes des banlieues. Les monosyllabes sont traités selon des règles plus complexes (*keuf, keum, meuf* et *anb* pour « flic », « mec », « femme » et « blanc »). Le procédé va jusqu'à la recomposition de formes verlanisées, du verlan de verlan (*rebeu,* verlan de *beur,* lui-même verlan de *arabe*). Les marques morphologiques ne sont pas toujours conservées; ainsi de l'infinitif : *c'est ièche* (« c'est à chier »), du participe passé : *j'ai pécho* (« j'ai chopé ») et de mots ou morphèmes grammaticaux : *être keum* (« être en manque »).

Une petite partie des mots constitués selon ces codes se lexicalise dans le lexique argotique et popu-

6. Il fut un temps suffisamment en vogue pour que soit lancée une *Gazette de Java* (1868), qui n'a d'ailleurs eu qu'un seul numéro.

laire (ainsi de *barjo* verlan de « jobard», qui peut être tronqué en *barge*, de *à loilpé*, largonji de « à poil», ou de *loquedu*, loucherbem de « toc »). Mais il n'y a pas lieu d'opposer radicalement formation naturelle et formation par codage, comme le montre *lardeusse*, « pardessus » : *pardeusse* par troncation, puis *lardeuspem* en loucherbem, qui donne *lardeusse* par troncation. De même *chomedu* fait intervenir une suffixation parasitaire sur « chômage », mais -*du* est un suffixe fréquent en loucherbem.

3. Les argots de groupe.

— Bien que couvrant un domaine moins étendu que l'argot proprement dit, ils manifestent les mêmes traits de langages techniques servant de ralliement et de reconnaissance à un groupe plus ou moins fermé sur lui-même[7].

Tout corps professionnel a un argot, plus ou moins étendu et plus ou moins stable, désignant avant tout les outils, très sensible au renouvellement des techniques. Les argots scolaires, militaires, et ceux de différentes professions (les canuts de Lyon, les typographes…), ont fait l'objet de monographies qui nous permettent d'assez bien les connaître[8].

Le retour en France des Pieds-Noirs d'Afrique du Nord a enrichi l'argot de termes ou d'expressions empruntés à leur jargon dit « pataouète », comme *la tchatche* et *tchatcher, ouallou, plus beau que moi tu meurs, ça va pas la tête, purée de nous autres*. Leurs chances de persistance sont difficiles à prédire.

L'argot semble se renouveler rapidement, selon un certain effet de mode encore amplifié à l'heure actuelle par la rapidité de saisie par les médias.

7. A condition qu'il y ait une certaine durée du groupe : la guerre de quatorze a donné lieu à un argot, l'argot des poilus, mais pas celle de quarante (bien qu'il y ait eu des argots dans tel ou tel camp de prisonniers).
8. Parmi les nombreux ouvrages existants, *Le poilu tel qu'il se parle*, de G. Esnault (1919) a été écrit par un lexicographe ancien combattant des tranchées.

Cependant, on voit des résurgences de formes aban-
données quelques temps auparavant, ou même de
formes vivantes au siècle précédent. Il y a donc à
la fois renouvellement accéléré et relative stabilité[9].

VI. — Un rapport ludique à la langue

Sans aller jusqu'à décrire le discours populaire
comme lieu de poésie et de créativité, il y a plus
de liberté et d'inventivité autorisée que dans un discours tenu.

Le jeu sur la langue (calembour, contrepèterie, coq-
à-l'âne, pataquès, à-peu-près...) constitue une tradition populaire vivace, manifeste dans le Carnaval,
chez Rabelais, dans la farce, dans les genres burlesque du XVIIe (Scarron et Sorel) et poissard du
XVIIIe...; cette tradition se perpétue dans des journaux satiriques (les *Père Duchesne, Le Père Peinard,
Le Canard enchaîné*...) Ainsi, le Père Duchesne, qui
reprend un ancien personnage de la Foire, vise-t-il
à restituer la verve, les saillies et les expressions des
faubourgs : « il faut jurer avec ceux qui jurent,
foutre » dit le Père Duchesne d'Hébert en 1792.

1. **Jeux de mot.** — Les calembours, permis par
l'aspect très lié du français qui enchaîne les syllabes
sans souligner les jointures, sont très nombreux[10] :
*pige-moi ça, et lycée de Versailles, fier comme un
petit banc, au diable les varices* pour « pyjama »,
« et vice versa », « fier comme Artaban », « au
diable l'avarice »... Ils connaissent de nombreuses

9. P. Devaux, dans un ouvrage de 1930 intitulé *La Langue verte*, peut
donner le mot *liquette* comme vieilli. Peut-être l'est-il de nouveau de nos
jours, mais il était bien vivant dans les années 60. *Lourde* signifie déjà
« porte » dans le jargon de 1628. Cependant, les résurgences s'accompa-
gnent souvent de légères modification de sens.
10. Bobby Lapointe, San-Antonio, Coluche... génération après génération, le succès ne se dément pas.

variantes, comme les prolongements : *elle est lente comme un œuf de pou, j'irai où les potes iront, vous avez tort et le tort tue...;* les allusions à tiroir : *être comme Charles* (« attendre », parce que charlatan); les homonymes parfaits (*l'eusses-tu cru* et *Lustucru*). L'à-peu-près ne fait guère, par rapport à l'étymologie populaire, que franchir un degré, celui de l'utilisation concertée.

La tradition populaire comporte aussi des techniques automatiques, comme la stratégie du « Poil au nez » (faisant, à l'aide d'allusions souvent grivoises à différentes parties du corps, des « rimes » sur les propos qui viennent d'être tenus : *il est venu - poil au cul*), ou les prolongements de séquences, comme — *comment vas tu/yau de poële* — *pas mal/et toi/l'à matelas,* et autres *nous le savons/de Marseille* ou *je le crains/de cheval.* On trouve aussi des contrepèteries : *ça suffa comme ci,* isolé en *ça suffat,* et des répétitions cocasses : *il ne m'a jamais plus plu.*

L'intérêt pour la forme se manifeste encore dans des procédés rhétoriques, comme le chiasme, ou répétition inversée, qui apparaît dans des chansons populaires ; ainsi un clairon militaire offre-t-il une répétition inversée, *la soupe aux choux se fait dans la marmite/dans la marmite se fait la soupe aux choux.*

2. **Phraséologie.** — Nous entendons par là les expressions relevant du dicton, de l'aphorisme ou du proverbe, qui frôlent le lieu commun de Café du Commerce, tout en mettant en jeu un certain plaisir verbal. Elles exposent une philosophie simple et de bon sens : *des comme ça on n'en fait plus/le moule il est cassé* (hommage à un ancien), *c'est ça ou mourir jeune* (à quelqu'un qui se plaint de vieillir), *si ma tante en avait/on l'appellerait mon oncle, si tu veux jouer au con on sera deux, emballez c'est pesé, si les cons volaient tu serais chef d'escadrille, descendez*

on vous demande (à quelqu'un qui tombe), *ce que c'est que de nous!, ça va sans dire mais ça va mieux en le disant...*

Beaucoup peuvent être suivies d'une amplification qui procède d'une assonance : *c'est plus fort que le Roquefort, à l'aise Blaise, cool Raoul, relax Max, tu l'as dit bouffi, tu parles Charles, un peu mon neveu, à la tienne Etienne, je te le donne en mille Emile...*

Les séquences se prolongent souvent de développements qui deviennent vite aussi rituels que le segment initial : *cause à mon cul ma tête est malade/et comme mon cul est bouché ça passe à côté, incessamment sous peu et peut-être même avant...* Ou bien au contraire, à des fins d'adoucissement, on ne retient qu'une part de la formule dont la forme développée est scabreuse : *y a pas à tortiller* abrège *y a pas à tortiller du cul pour chier droit.*

Ces procédés sont de purs plaisirs verbaux, où il est inutile de chercher la signification des ajouts, comme dans *bicause d'à cause, faudrait voir à voir, y a pas moyen de moyenner,* ou dans les comparaisons : *con comme un balai (comme une valise sans poignée), bourré comme un coing, beurré comme un petit Lu, rond comme une queue de pelle...* Le caractère de rituel se rencontre aussi dans le plaisir de se couler dans des formules, comme *plus X que moi tu meurs,* où la position X est remplie par un adjectif. Mais une source de plaisir encore plus grande consiste à les détourner : sur le modèle *il vaut mieux être riche et bien portant que pauvre et malade,* on forme *il vaut mieux l'avoir blanche et raide que black et d'équerre* (calembour sur la marque d'une perceuse électrique).

Le caractère ritualisé joue dans les raisonnements, par certains énoncés qui peuvent apparaître comme des tautologies : *pour une gaffe/c'est une gaffe, quand on connaît/on connaît.* Les apparents pléonasmes ont une fonction, celle de réaliser une figure intensive : *vérité vraie, au jour d'aujourd'hui, comparer entre eux, descendre en bas, erreur involontaire, hasard inattendu, petite maisonnette, monopole exclusif, faux prétexte, prévoir d'avance, puis ensuite...* ou bien en une coordination : *sain et sauf, sûr et certain, contraint et forcé, des vertes et des pas mûres, net et sans bavure...* Ce fonctionnement peut aller jusqu'à des jeux vides de sens, comme *peau de balle et balai de crin,* où « balai » est un prolongement gratuit de « balle ». Excès aussi dans la fréquence de *tout* : adjectif ou adverbe, il joue un rôle d'intensificateur, surtout dans les récits : *il l'a engueulé tout le long de la rue, il a tout bousillé, c'est tout des mensonges, il s'ennuie comme tout, il en avait tout partout...*

A côté du caractère ritualisé, une dimension de créativité s'efforce de surdéterminer les formes en réanalysant et en remotivant.

CHAPITRE VII

CONCLUSION

I. — La langue populaire : un problème de dénomination

Parmi les problèmes que recèle la notion de « français populaire », il en est au moins deux qui nous arrêterons : 1) le jugement social et 2) la spécificité historique française.

1) Ce qu'on appelle « français populaire » se signale par l'instabilité et l'hétérogénéité. La frontière entre français populaire, entendu comme langue des classes populaires, et français familier, usage de toutes les classes dans des contextes peu surveillés, est floue, et même, pour la plupart des phénomènes, inexistante.

La notion de français populaire est plus interprétative que descriptive : la qualification de « populaire » nous apprend davantage sur l'attitude envers un phénomène que sur le phénomène lui-même. Les stéréotypes sociaux sont en effet particulièrement robustes lorsqu'ils portent sur le parler d'un groupe qui n'est pas le sien propre, et la parole de locuteurs appartenant à des groupes sociaux peu idéalisés voit proliférer les jugements sociaux.

2) Nous prendrons l'exemple de pays limitrophes de la France pour affirmer *a contrario* le caractère historique de la dénomination de « français popu-

laire » : il est impossible de traduire exactement ce terme.

Les termes « colloquial » pour l'anglais, « umgangssprachlich » pour l'allemand et « familiar » pour l'espagnol constituent dans les mentions de dictionnaires l'approximation de ce qui est exprimé en français à la fois par « familier » et par « populaire ». On ne dispose par ailleurs que de néologismes (comme « street language » ou « Gaunersprache »), non d'expressions aussi reçues que « français populaire », terme évident pour un Français, au point que l'on peut dire « parler peuple » ou « parler popu ».

Toutefois, deux ordres de faits invitent à nuancer cette remarque. L'argot dispose d'équivalents plus ou moins proches, quoique plus restreints : « Rotwelsch » en allemand, « slang » et « cant » en anglais, « furbesco » en italien, « germania » et « calo » en espagnol. L'autre nuance concerne les particularités régionales : les situations limitrophes se distinguent de la situation française par l'éparpillement linguistique de pays qui n'ont pas connu le jacobinisme, où l'usage de formes dialectales vient souvent relayer les différences sociales.

II. — Et maintenant, quel avenir ?

Une histoire oubliée par l'histoire officielle, une grande force de représentation dans la littérature, une évidence pour les sujets parlants de la communauté : on a là tous les éléments d'une catégorie symbolique évocatrice, propre à une culture, et qui montre le français populaire d'abord comme un artefact littéraire, se constituant à partir du XIXe siècle. Une sorte de prototype du parler populaire, effet d'un stéréotype sur le peuple, qui expliquerait l'obstination à traquer les caractéristiques du peuple dans des marques formelles.

L'histoire de la langue populaire se résume en quelques étapes : sa constitution, l'absorption de l'argot, son expansion, sa consécration par la littérature, le rapprochement avec la langue commune. Cet usage marginal, plus ou moins stéréotypé par la littérature et le cinéma, garde une réalité jusque dans les années récentes. Mais qu'en est-il de nos jours ?

D'aucuns pensent que le français populaire est désormais menacé par l'uniformisation de la langue (école et médias) et des pratiques discursives (les particularités régionales vont s'atténuant). Mais il l'est aussi par des traits plus directement sociologiques de la société française actuelle :

— la modification des structures des villes, qui voit la naissance d'une nouvelle périphérie urbaine, site d'une nouvelle marginalité sociale : les banlieues parisiennes et les cités remplacent les fortifs ;
— la disparition de la référence positive à la culture populaire : après les années cinquante disparaît petit à petit l'identification positive au prolétariat, et le prototype de l'ouvrier reste marqué par le stéréotype du XIXᵉ siècle ;
— la modification de l'émigration (maghrébine, africaine, orientale) a un effet de creuset linguistique. Les jeunes des banlieues ne parlent pas en français standard, mais ils ne parlent pas non plus avec un « accent populaire ».

Si certaines dimensions ne diffèrent guère, qu'en est-il des autres ? et qu'en adviendra-t-il ?

BIBLIOGRAPHIE

Bauche H., *Le langage populaire,* Paris, Payot, 1920.
Bourdieu P., Vous avez dit populaire?, *Actes de la recherche en sciences sociales,* n° 46, 1983.
Frei H., *La grammaire des fautes,* Genève, republication Slatkine, 1929.
Gadet F., *Le français ordinaire,* Paris, Armand Colin, 1989.
Guiraud P., *L'Argot,* Paris, PUF, coll. « Que sais-je? », 1956.
Guiraud P., *Le français populaire,* Paris, PUF, coll. « Que sais-je? », 1965.
Labov W., *Sociolinguistique,* tr. fr. Paris, Editions de Minuit, 1977.
Wolf N., *Le peuple dans le roman français de Zola à Céline,* Paris, PUF, 1990.

Nous ne citons ici que des travaux assez généraux. Ceux portant sur des points particuliers, quelle que soit leur importance, n'ont pas été cités : ils sont trop nombreux.

Conventions de transcription utilisées : les virgules marquent les frontières entre les exemples, les barres obliques indiquent une pause (pause plus longue quand la barre est double), les tirets figurent les prises de parole de deux interlocuteurs d'un dialogue.

Quand la transcription n'est pas donnée en phonétique, elle est toujours présentée selon la graphie correcte, de façon à éviter tout effet de folklore. Naturellement, cela n'évite pas de supposer une prononciation conforme à ce qui est exposé dans le chapitre II.

Les exemples cités proviennent de plusieurs sources : enregistrements d'interviews et de récits effectués par des sociologues, observations directes aléatoires, exemples donnés par des grammairiens, quelques exemples littéraires. On s'est efforcé de recouper ces différentes sources, de façon à décrire un état de langue contemporain.

TABLE DES MATIÈRES

Imprimé en France
Imprimerie des Presses Universitaires de France
73, avenue Ronsard, 41100 Vendôme
Mars 1992 — N° 37 846